沮喪時，讓你重新看見希望的一句話。

暢銷勵志心理諮商師
黃德惠 著

尼采的一句話讓你改寫人生的結局！

序

想法決定你的活法。

當你走到令人徬徨的人生十字路口時，會怎麼辦？尋求親友的支援？或是放任自己一個人想破頭？這時，一句洞悉世事、點破迷津的名人語錄，或許可以帶給你一線曙光。

如果你陷入了關於生存、追求自我、在俗世價值與自我信念中矛盾而掙扎的泥沼，那麼，專攻這類人生困境的德國哲學家——尼采，會是你最好的心靈指引。

雖然尼采的一生為了捍衛自己的哲學觀，經歷了不為人知的孤獨與現實中的磨難，但他對於生命的精闢觀點，例如：「權力意志」（The Will to power）、「自我超越」（self-Transcend）、「超人」（overman）等觀點與著作中許多值得讓人反躬自省、激勵人心的語錄，一直緊緊抓住了每一個在生命中亟欲活出自我的靈魂，提醒我們在改變自我、突破現有框架的同時，仍要聽從心裡最真實的聲音，並以此扭轉命運，甚至進而擁有改變世界的力量。這就是「存在主義」的價值，而被世人推崇為「存在主義大師」的尼采也說：「存在就是要製造差別、存在就是把生命力表現出來！」

這個觀點提醒了我們，每個人先天就具有獨一無二的天賦，但在隨眾、盲從的年代，該如何活出真正的自我？面對生命各層面諸多的困境，該如何思考、轉化，為自己找答案，而不是跟從別人的腳步？該如何在追求夢想的同時，也能於現實中站穩腳跟？……以上的人生疑問，特別會在生命最困頓、低潮的時刻，不斷地衝擊著我們的內心。這時，充滿洞見的尼采語錄就能給予身處灰暗心境的自己，點起一盞盞指引明路的燈火。讓我們知悉：只要你心中擁有強大的生存意志，就能搬開橫亙在現實與理想中間的巨石，將其化為幫助自己走向進階人生的石階。

因此，我統整出尼采著作中對於洞察自我、轉化人生最具代表性的語錄，並整理出我們在生命各個層面常會遇到的問題，用尼采簡潔有力的語錄作為思想上的引導、以其精闢的觀點進一步剖析自己與問題間的因果關係，以及如何將這些召喚自我力量的箴言，如同魔法咒語般實際運用於啟發內在的思考、扭轉人生的困境。讓我們得以站在哲學大師的肩膀上，為自己的心找到一個更清明的視野，重新檢視人生的現況，洞察自我與人性的混沌，跳脫俗世的窠臼，並因照見真我內在的強大能量，進而穿透晦暗不明的命運迷霧，重塑自己在人生的價值。

其實，不論是尼采或是其他大師的視野，都是幫助我們提升心靈層次的工具，一旦你的想法有所不同，一直糾結於人生的死結也有了新解。其實外在環境的艱困往往始於我們心念的黑洞，因此當險境逐步進逼，心性也會越加薄弱，若不放任其吞噬自我，有意識地用意志與以壓制，用反思予以釐清，屬於你的天賦光譜也會由內而外一點一點地發散出來，替原本混沌不明的運途指引一條得以實踐使命的明路。原來幸運不假外求，希望之光一直在你心深處，等著被覺察之心一一照亮。

黃德惠

最適合12星座の尼采座右銘

天秤座 *Libra*
（9/23～10/22）

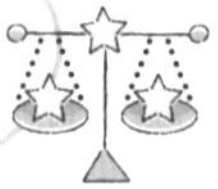

別老想著他人如何如何，盡可能少做類似的想像。
→ P.117

天蠍座 *Scorpio*
（10/23～11/21）

世間有兩種支配。一種是被支配欲驅使的支配。另一種，則是不願被他人支配而進行的支配。→ P.033

射手座 *Sagittarius*
（11/22～12/21）

快樂的源泉在於成為對他人有用的人，這樣你便會感到自己存在的意義。→ P.054

摩羯座 *Capricorn*
（12/22～1/18）

今天你做了什麼，又是怎麼做的，都會成為你歷史的一頁。→ P.216

水瓶座 *Aquarius*
（1/19～2/18）

要結交能理解自己的同類人。→ P.110

雙魚座 *Pisces*
（2/19～3/20）

不了解你為什麼要做這件事？就找不到人生的答案。
→ P.044

白羊座 *Aries*
（3/21～4/19）

誠實地面對自己，才能發揮自己最大的潛能。→ P.020

金牛座 *Taurus*
（4/20～5/20）

你所拘泥的是對事物的想法和執著，而非事物或情況的本質。→ P.078

雙子座 *Gemini*
（5/21～6/21）

滔滔不絕地談論自己的人，定是對自己的本性、真心與真實身份有所隱瞞。
→ P.128

巨蟹座 *Cancer*
（6/22～7/22）

膽怯，就是毀滅。→ P.060

獅子座 *Leo*
（7/23～8/22）

擅於用人者，不會全盤地拒絕或否定他人，因為他們知道該如何施肥。→ P.146

處女座 *Virgo*
（4/20～5/20）

成功者事實上也會有缺點，只是會將缺點偽裝成長處。
→ P.104

Chapter 1

人生的一切從尊敬自己開始，任何人都無權剝奪你的靈魂。

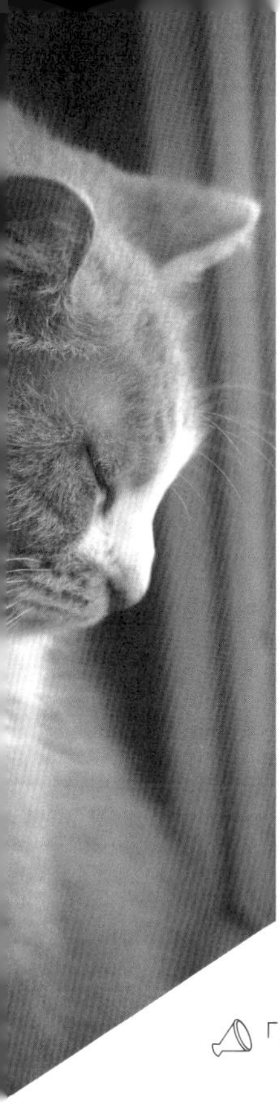

Chapter 2

正視拖垮人生的弱點，人必自重而後人重之。

Chapter 3

你與什麼樣的人往來，就預示著什麼樣的未來。

Chapter 4

不論置於何處都有進化之心，是不自覺步入人生極致的秘徑。

Chapter 5

現在沒錢沒地位又如何，貫徹意志就能改寫人生的結局。

Chapter 1

人生的一切從尊敬自己開始，任何人都無權剝奪你的靈魂。

尊敬毫無經驗的自己，這樣能給予你將其變為現實的力量。

我們往往習慣以他人的眼光為自己人生舞台的探照燈，因此常心生如此的疑問：「我這麼做，別人會怎麼看我？」，卻忘了問自己：「我覺得自己是個什麼樣的人？」、「我期許自己未來會成為什麼樣的人？」最重視人的存在價值的尼采則認為：一個人要如何生存、生活、立足於世上，首先取決於自己的心態；而要活出最接近自己的理想，並將這些化為現實的力量，就必須先從學會「尊敬自己」開始。不過，大多時候，我們對自己的評價往往都是貶過於褒。

偶爾，因為生活的不順遂，我們會感到自己似乎努力了許久，卻仍一事無成；想要晉升到理想的位階，卻又覺得自己經驗貧乏、使不上力。不過，這些想

Check!
我希望自己十年後，
可以成為什麼樣的人？

法大多是來自主觀的批判，不見得代表實質的情況。我們會如此判讀，是因為擺脫不了「世俗的框架」。即使如此，仍有些人能夠在現實的壓力下，另闢谿徑。

如果你常用他人標準來論斷自己，就要留意是否會流於妄自菲薄，反而限縮了人生延展的可能性。

一個人若時常處於否定自己的低潮期，會更容易接收外在的負面訊息，因過度打擊自信而偏離了人生的正軌。其實人生說穿了，誰不曾跌倒受挫？誰不是經歷萬丈高樓平地起的打地基時期，才能擁有今日一些些方可欣慰的成就呢？過度自怨自艾只會讓眼前的阻礙更加膨脹。

至於能夠跳脫現實框架的人，面對俗事往往懂得回歸內心，以較為正面的心態看待。就算現有環境看似困頓，但深入了解實情與自己的能耐後，會發現於既有限制下，其實仍有自己得以施展的空間。所以，面對看似沒什麼資源、背景與財力的自己，你仍可以挖掘天性中他人無可取代的部分，將其化為有形的技巧、能力，終能為自己覓得一條出路。

質疑自己或是相信自己，你選哪一個？

世界上最偉大的銷售員喬．吉拉德也曾和我們一樣，經歷過被外界評價影響自己甚深的低潮時刻。

自幼，喬．吉拉德就同時接收到二種對他截然不同的評論：一種是父親不斷灌輸給他的萎靡思想，他常對吉拉德咆哮：「你永遠不會有出息，你一直是個失敗者。」；另一種則是來自母親全心的信賴，她常對吉拉德說：「要對自己有信心，你絕對會成功的，只要你想成為什麼，你就能做到。」

成長過程中，這兩種力量一直於吉拉德的內心中拉鋸，消極的一方讓他心生畏懼；積極的一方則讓他產生信心。最終，他選擇去「相信自己的能力」，並助自己一臂之力，才能走向日後的康莊大道。即使以當時社會的眼光來檢視，三十五歲以前的吉拉德根本就是一位不折不扣的人生失敗者。

小時候，因為家境的因素，喬．吉拉德曾沿街賣報，在酒吧裡替人擦鞋，做

Check!

透過哪種方式，可以
讓我證明自己的能力？

過洗碗工、送貨員……等零時工；成年後，他又經歷過電爐裝配工和建築承包商等歷練，不過在他三十五歲之前，卻沒有一種工作能讓他做出成績。

之後，因落入長期負債與不斷失業的惡性循環之中，吉拉德只好拜託朋友介紹其他工作，透過引薦，他才有機會進入經銷雪佛蘭汽車的公司。

起初，因為吉拉德的不堪往歷，讓經理不得不懷疑他的推銷能力，但是他卻跟經理說：「經理，我推銷過各種東西。但是，人們之所以購買，並非是因為我的產品，而是我自己。」並拍拍胸脯承諾自己未來一定會打破公司的銷售紀錄。沒想到，後來他真的實踐了這份承諾。在此十五年間，吉拉德總共銷售出一萬三千零一輛雪佛蘭汽車，順利替自己償還了負債，還賺到了眾人的尊重。

這不單是吉拉德的人生寫照，也是許多名人的經歷。即使在從事那些不起眼的工作職位時，他們也從不輕視自己，在所有人都不看好的情況下，仍懂得看重自己。堅守崗位，不讓自己隨波逐流，待時機來臨就能證明自己的能力。

尊敬自己的角色，創造自己的舞台

台灣的搖滾天團五月天平均一年要開出約三十場的演唱會，其規模從能容納一萬五千人的台北小巨蛋到可容納十萬人的北京鳥巢體育場皆有，如此不可能的任務，他們的團隊到底是如何辦到的？

其實，如要建構一個深植人心、撼動全場的舞台，其幕後作業必須於八個月前就得啟動。開場後，台下觀眾只見絢爛的花火，卻沒想到，在這一次又一次的花火背後，竟是千名幕後工作者共同努力的成就。唯有每個工作人員都能認知到自己所處位置的重要性，才能與他人密切合作，因為極其繁複的細節與流程，都與硬體、視訊、音響等設備以及導播、舞台總監、配舞、配唱等角色環環相扣。

不過，當舞台的燈光亮起，這些工作人員必須回歸幕後，將光環與掌聲交給台上的五月天，但他們從未因「為人作嫁」而有一絲的懈怠。因為他們重視自己在團隊中扮演的角色，並以兢兢業業的態度面對，才能完成每一次的創舉。對於工作人員而言，自己一手打造的是五月天的演唱舞台，其實自己的人生舞台亦浮現其中。

所以，不論你現正處於人生何種境況下，只要能尊敬自己，全心接納身邊的考驗、機會，就能看見自己存在的價值。別再哀嘆命運對你不公平、不必一直衡量自身在工作領域的或輕或重，「敬重自己的每一分努力」，就能掌握對人生的選擇權與決定權，為自己在現實中開拓更多的可能。

Cheer up 加映場

我常常在想，到底我要證明幾次，別人才會相信我？
但我不想待在同一個地方，我要往山頂的方向走。

——導演　魏德聖

誠實地面對自己，才能發揮自己最大的潛能。

你是否也曾有過這種感覺：當我們身處於某種情境、某種關係當中，思緒往往容易被罩上一層迷霧，以致自己看不清事件、關係的脈絡，因此難以釐清問題的癥結。不過，通常當你覺得霧裡看花的時候，也代表著其中仍有許多自己不願正視的真相。因為自己或他人蒙蔽了部分事實，導致無法看見事情的全貌，自然難以著手判斷和解決。

如同你站在偌大的博物館中，若想要前往下一區的展覽室，站在全館的導覽地圖前，唯有找到自己所處位置的「You are here.」標示，才知道接下來該往哪個方向前進。

Check!

有什麼事件一直重複出現我生命中？

如果你對自己的心境、外在的處境看不清（或是不願看清），就會不斷遇到同樣的問題、無法順利合作的對象。這並非命運的捉弄，而是由於你無法覺察真相，才會始終走不出表象的迷霧，進而讓自己一直在同一個生命層次中浮沉。

尼采曾在其著作中清楚點出，一個人若是不願誠實面對自己，就會造成以下的連鎖效應：因為不夠了解自己↓容易自欺欺人↓不知道自己真正需要的是什麼，因此容易用錯誤的方式索求愛，或是一直愛錯人，而逐漸失去對愛的信任、感知與表達愛的能力↓對人生的影響：因為不清楚自己的優勢與劣勢，更不知該如何正確運用，而一再錯失自我晉升的機會；對感情世界的影響：與未必適合自己的人相識、相愛、相伴，因為沒有從中真正汲取到適合自己的養分、資源，而讓原本就不夠強健的心靈更加凋零↓總是讓自己在人我之間兩種抗衡又不協調的力量下拉扯，導致自己進退失據，無法朝著正確的人生方向前進↓無法走到對的位置，發揮最大的潛能。

以上是許多人會落入的人生窠臼，但解鈴還須繫鈴人，追本溯源，一旦你學會認識真正的自己，生命中所有的疑惑與謎團，都將一一解開。認清了綑綁自我的繩索於何處，你也將成功掙脫原本的受限，活出全新的自己。

練習和自己對話，釐清問題本質

面對一些突發的問題與意外時，本能的防衛心往往會讓你習慣將自己隔絕於事件之外。但這堵防衛森嚴的牆面一旦建立，你會更難感受他人的心聲；同樣地，你也無法聽見自己的需求，因為不願意正視，許多幽暗的能量也油然而生。這時，若你徒增恐懼、擔憂、煩悶、猜疑等情緒，反而更無濟於事。

當你處於這種狀態時，可先讓情緒「經過」你，但不要波及他人。等待冷靜的片刻來臨，再試著和自己對話，才能清楚問題的本源，減少衍生的枝節。

舉例來說：你已經熬夜準備一份簡報，卻仍對上台報告感到恐懼。這時，你可以問自己：「我為什麼會感到如此恐懼？」

心中的你可能會回答：「因為我害怕簡報時，會表現得辭不達意。」因此你

Check!

重複出現的事件，是想帶給我什麼課題？

就會了解，原來自己擔心的並非準備的不充分，而是擔心自己在表達上會發生失誤，辜負了原本的努力。

只要找到問題核心，你就可以預做準備，將失誤出現的可能頻率降到最低。像是事先製作隨身的重點提詞小卡，在你緊張以至於頭腦一片空白時，仍可掌握報告的關鍵環節，即使未能詮釋地盡善盡美，但當場一定能將重點依序說明清楚。只要你破除了心中的迷障，就能對情緒的糾結斬草除根，並依逐次與自我奮戰的經驗，提升個人解決問題的戰鬥CP值。

用你想要的方式去做，只要忠於自己的心

我曾看過某部國外的影片藉著講述截拳道之父李小龍的一生，進而探討「他為何能成為一代宗師」的緣由。

影片中引述了李小龍的理念：「學習誠實地表達自己，用你想要的方式，忠於自己。武打時，真正的你會跑出來。無法假裝，他就在你心中。」

李小龍更曾經說過：「人不了解自己時，是最糟糕的。」因此在他習武的路上，他不斷地用超出個人體能的鍛鍊，讓自我心性與技巧的欠缺之處無所遁形，才能一再破除個人拳法與心法的限制，讓他演化出「無形之形」的拳術，因此影響中國武術深遠，進而名揚國際。

李小龍讓武術不只是武打，他將人生哲學注入武術中，讓學習拳術之路像一種精神修練，引領著人們認識自我、提昇自我，藉由參透拳法精髓的奧妙，成為自己人生的導師。

關於現實的困境，李小龍曾將其比喻成敵人，並分享道：「當我們面臨每個敵人，就像人生的進程，勝利了，然後進行下一關。我們不斷於每一關卡精進自己，但是到了最後，要面對的最難纏的敵人其實是自己。」

雖然已達到武術之神的地位，但李小龍在追求自我成就時，也不忘謙卑地看待自己，更懂得如何以身作則，讓武術跨越文化、種族、國家的藩籬，其獨特的武術哲學也成就他歷久不衰的地位。

很多時候，我們會因為自我的否定而遮蔽了自身的才華和能力，而看輕自己。遇到了困難，自己會預先產生這樣的念頭：「以現在的能力，我還沒有能耐突破」，導致自己失去提升能力的機會。

你可以把「挑戰」當成喚醒自身潛能的聲音，為自己設立進階的目標後，想辦法去達成。只要你誠實面對自己的心，誠實對待自己的想望；當專注的方向確立後，所產生的正面能量，就能全部集中在你最想要達成的目標上，讓自己一舉突破瓶頸，看到成就的希望之光。

Cheer up 加映場

快樂的基本是誠實，而誠實是自己與自己的關係清朗無疑。

——作家 蔡穎卿

不要「為了……」而做，否則你只能做些卑賤貪婪之事。

當我們覺得不受重視、感覺沒有自信、缺乏關愛時，會因為從內在找不到精神寄託，而開始尋求外在的寄託。在這種情況下，容易驅使自己為了某種「目的」去做事，希望藉此能夠獲得他人的肯定。

例如：在工作時，看到需要協助的同事，你可能會本著一片善意，自然而然地走過去幫忙。不過，在此同時，有些人卻會多心地想：「希望主管看到我主動協助同事的這一面。」或「希望同事們覺得我是個樂於助人的好人。」因而讓自己原本的善意被心念混淆：我協助他人究竟是發自內心，還是為了達成自己的意圖？兩者之間，其實存在著極大的區別。倘若，你能夠更深入了解自己做這件事

Check!

我是基於什麼原因，
才想去做這件事？

的出發點，將有助於化解長久以來存在於心中的問題。

你的內心缺了哪一塊？

Y國的偏遠郊區有個十分貧窮的村落，某一天，有位富商旅經此地，看到路旁坐著一位有殘疾的婦人，婦人見到富商行經，便淚漣漣地乞求：「先生，您行行好，我兒子生病了籌不到醫藥費。可否請您發發慈悲，多少捐助我一些？」

富商一聽，立刻不假思索地掏出一疊鈔票遞給婦人。眼見富商如此樂善好施，婦人不禁感激涕零、連聲言謝，因為她已經在此地乞求三天三夜了，卻鮮少有人回頭看她一眼，眾人總是裝作聽不見似地，低著頭匆匆趕路。

後來，富商決定暫居此地一個月。在這段期間內，他每天都很熱心地走訪各處，去看看有誰還需要幫助。他的慷慨，讓原本十分晦暗的村落有了一線生機。

不過，在富商即將離開村落的前一天，突然有好幾名記者遠道而來，不斷地訪問這些居民如何看待富商的善舉，並且要求富商一一和這些受過援助的民眾合影。這時，村民們才覺得事有蹊翹。有村民私下詢問記者才知道，原來，富商每年都會選擇下鄉一個月，並扮演大善人的角色，事後再找媒體報導他的善行。接受了富商援助的民眾，雖然因此一時脫離困境，但卻因為知道自己竟成為富人利用的工具，對他也失去了原先的敬重與謝意。

過了數個月後，富商長年的偽善被一家不願再忍氣吞聲的媒體踢爆，讓他多年慈善家的形象付之一炬。由於富商的誠信開始受到外界的質疑，也連帶影響到自己的跨國連鎖事業以及合作的關係，一度引發財務周轉危機，最後雖然逃過一劫，身價卻從此一落千丈，只好從叱吒多年的商界黯然引退。

其實，若富豪不覬覦一時的美名，真誠地幫助那些貧民，即使未來或有波折，過往種下的福德，也會助他趨吉避凶。但富豪卻為了填補內心的虛榮，才想花錢買美名一償宿願。殊不知，為了補償內心的陰影，反而讓自己從原本的權貴被打回原形，多年的努力竟化為殘煙。

有時候，我們內在的缺陷竟比外在的不足更容易讓人生進退失據。

Check!

如果做這件事沒有回饋，我會去做嗎？

日常生活中，諸如此類的事件也時有所聞。有些人會為了防範交往多年的另一半變心，私下偷看對方的臉書私訊或手機通話紀錄……等到被另一半發現，反而讓自己的疑心病浮上檯面，讓彼此出現真正的信任危機。以上的作為並無法輕言是非曲直，但我們可以自行評估：若你做這件事的同時，並不能解決問題、讓你感到如釋重負；相反地，卻會因此讓自己的未來埋下更多不定時的炸彈、更加戒慎恐懼，甚至必須用更多的作為去掩蓋心虛，那麼你何須活得那麼累？有時候，直視心中的疑慮，才知道那不過是缺陷衍生的光影，掩蓋了原本無瑕的心，若不慎被誤導就會與幸福一再擦身而過。

其實，人生何必搞得那麼複雜？若能釐清自己「為了……」而做的動機，往往能揪出真正的病灶，找到更適切的作法。當覺察的光芒照進內心，自己的舉措皆能出自真心，自在也將無所不在。

如果沒有回饋，你會去做嗎？

不過，在每日紛雜的思緒中，要如何能體察自己心中最深層的需求呢？

大多時候，即使我們察覺到自己這樣做不太妥當，還是會有逃避的心理。此時，你可以用誠實的放大鏡檢視自己，試著詢問自己：「我今天做這件事是為了什麼？」也可以反過來探問自己：「如果今天我做了這件事，沒有得到對等的回饋，我會作何感想？」

舉例而言：當你看到父母十分忙碌，便主動分擔家務。不過，他們並未對此表示讚賞，這時你會因為他們的視而不見，感到惱怒與不平，還是會感受到：原來自己也有減輕父母負擔的成就感？藉由你做這件事若無實際的反饋，來檢視心中真實的反應，可以讓自己「為了……而做」的初衷越來越清晰。

如果你之所以投身於工作，是為了餬口，或為了能獲得更好的生活條件，那麼就必須承擔為了滿足「物質安全感」而帶來的後遺症。只要意識到了這個事實，即使現階段的自己沒能力改變，對於其他能富足心靈的養分——各種感情對自身的支持，就更不能忽視，否則要小心自己淪為尼采說的：「不懂滿足的貪婪之人。」反而讓真愛與你漸行漸遠；如果這份工作很貼近你的心，更符合你的興趣，即使偶爾逾時、負荷過重，也別因一時的消極而失去動力，只要是順著本心而走，隧道的曙光就在不遠處。

其實，我們的心比想像中敏銳得多，當自己偏離本性時，心會越趨沉甸，壓力也會隨之而來。因此，有時你為了成全他人眼中那個「好」的自己，或是想爬上讓人「羨慕」的地位，卻無視於內在的意圖為人生帶來的禍患，時日久遠，因為心得不到紓解，肩頭將越來越沉重。

時隔日久，我們很容易就忘了自己做一件事的初衷。可是真正所謂幸福美滿的生活，並不等同於物質無虞的自由（當你擁有得越多，往往更不自由），最平實的快樂根本不假外求。依著自己真正的感受去做，你的心會逐漸被調整、導正及修補，當內心不再感到壓迫，也意味著你已懂得如何活出自己，並學會為了活

Check!

事成後，我是開心還是空虛，為什麼？

出自己的人生而負起全責。未來再遇到人生關卡時，自然不會輕易將責任往他人身上推，因為你很清楚此刻的人生只掌握在自己手中。

順著你的心前進，即使出現再多誘惑也不會輕易被動搖心志，因為你擁有「為了自己而做、為了自己而活」的這份自信，進而將這份真實的愛去傳遞給更多需要的人，就能用真心換真心，讓內在與外在的世界皆能富足合一。

Cheer up 加映場

心中有愛最寬闊，付出即得法喜充滿。

——慈濟基金會創辦人　證嚴法師

世間有兩種支配。一種是被支配欲驅使的支配。另一種，則是不願被他人支配而進行的支配。

在戲劇中，常出現兩種對立的角色，例如：哈利波特vs.佛地魔、蝙蝠俠vs.小丑，編劇透過這兩種角色產生的矛盾，鋪陳了故事的主軸，也因彼此人生觀念、行事作風的差異，因而讓劇情有了更多高潮迭起的內容。

在我們心中，也常常存在著兩種截然不同的聲音，在人生的關鍵時刻，影響著你的決策與行為。它可能一面希望你屈服於他人或現實的支配；另一方面，卻又可能提醒你：你是唯一擁有人生主導權的那個人，因而讓自己常常處於兩難的局面。幸運的是，你仍擁有最終的決策權。

對你最重要的東西，不要輕易交予他人

有位心理醫師說過：「自己認為最重要的東西，其擁有權不能交予他人。」

何謂「對自己最重要的東西」呢？就是當你一旦失去，會感到人生也已然失去意義、價值的東西。例如：你的安全感、自尊、認同感……等。一旦你將珍貴事物的所有權交付他人時，為了填補內心的空洞、無助，支配欲便會油然而生。

以安全感為例。當你感覺沒有安全感時，就會出現許多想加以控制的行為，例如：過分查問對方行蹤、強迫對方按照你的方式和想法行事……等。之所以會產生這些不信任的舉措，是因為你已經將個人的安全感送給對方，因為失去了一部分的自己（或是將一部分的自己寄託到對方身上），一旦對方的反應不如己願，由於深層的你擔心就此失去與自己的連結，而讓自己遁入痛苦的深淵。

這種反覆折騰自己的情節常常出現在生活的每個層面中，可能會發生在你與另一半的關係、你與理想目標的連結、你與主管的從屬關係、你與原生父母的互

Check!

我是在支配命運，還是被命運支配？

動，甚至是你與同儕間的暗自角力。相對地，我們也可以從這些關係所衍生的困境中，去找出「對你而言，人生中最珍貴的東西」。

當你認清了對方的反應不過是自己矛盾的投射，就能藉由重新協調自我，供給內心所需要的養分，例如：肯定自己的努力和成績、給予自己存在的意義……等，透過「重新掌握支配自己的權利」，就不易被他人所控制或想控制他人，而讓心靈重獲自由。

做個不願被支配的「不乖」小孩

暖暖（蔡慧蓉）是一位七十九年次的女孩，十八歲時，她就放棄不斷向上攀爬學歷階梯的機會，獨自搭便車環島，自己決定未來的人生旅程要前往哪一站。而不是像多數人一樣，像工廠的生產線一般，即使從不同的起點出發，最終卻認命地被送到同一個地方，蓋上同樣的印記，並為此心滿意足。

在台灣環島後，暖暖又到澳洲打工渡假，並循著同樣的模式到歐洲二十幾個國家旅遊。當年紀相仿的孩子還在家人的關照中成長，暖暖卻已在旅途中學習一手打理自己的生活，用打工和交換食宿尋找生存和延續旅程的方法；同時，為了讓愛她的人放心，也會定期和家人保持聯繫、分享見聞。

現在的暖暖，不僅考取高中同等學歷、成為國際領隊、出版了三本書，更早已練就如何得體應對媒體，並多次受邀至各大專院校分享她人生的歷程和體悟。

雖然順應著原有的規範、大環境的支配而行，對一般人而言已十分艱難，但是，做個「被支配環境」下「不乖」的小孩更是難能可貴。因為暖暖想遵從內心的聲音，於是在「不願被支配」的基礎下，跳脫生命原有的宥限；同時，她也離開了最舒適、安穩的路徑，踏上夢想的旅程，承擔「追夢」的挑戰與代價。

當你願意掌握人的主導權，才能從凡事仰賴他者的小孩，轉變為真正成熟的大人，同時也給了自己重新定位以及重新認識自己、認識世界的機會。

因此，與其活在他人與潮流的操控中，不如重新檢視內心「真正珍重的事物」，並且對自己許下承諾：此生我都不會輕易將這個東西賦予他人，而且我也會尊重別人自主的權利。

或許你感到現在的自己正受到命運無情的支配，其實那是因為你把自己全然交給了命運。如果這不會讓人生變得更美好，不如試著重新支配現在的生活。當你調整人生戰略後獲得小小的成就，肯定自我的感受會幫助你看到更多值得去圓的美夢。

Cheer up 加映場

拋棄別人幫你設定的尺規，重建自我價值觀，找自己的路。

——日本趨勢專家　大前研一

多報答對方，能緩解自己請人幫助時的屈辱感，也會替你帶來喜悅。

某位諮商師曾對前來求教的企業經營者如此說道：「一位成功的領導者，平時自己可以獨當一面，但遇困時也能呼救。」

每個人於人生的道路上，皆會遇到需要請人協助渡過難關的時候。這時，你的心態是傾向於：認為請人幫忙很屈辱，只好自己咬牙撐過？或是可以對他人坦言眼前的困境？在單打獨鬥的現實中奮戰久了，相信大部分的人，都寧願選擇向別人分享自己光鮮亮麗的一面，暗中不為人知的苦楚卻難以對他人啟齒。

為何我們在向他人坦承困頓或請求幫助時會產生屈辱感呢？其實是來自於自我的「競爭」心理。因為我們從小就被名次、成績等評價標準洗腦，在心中種下

Check!

當我陷入無助時，會找人傾訴嗎？

了我弱等於你強、我輸等於你贏的主觀認知，因此認為自己一旦請人幫忙，彷彿是向對方繳了械，在自尊不斷翻騰的掙扎下，便忘了現階段最重要的是如何化解眼前的難題。

尼采曾說過：「多還給對方的東西，就會成為利息。」所謂的「多還」和「多報答」，不僅緣於真誠的感恩之心，更帶有湧泉相報的喜悅，而能緩解自己過去求助於他人的心理不適。因此，自己有能力時，盡量多付出一些，未來若有需要之際，當他人主動伸出援手，就將這份感恩放在心底，當難關過去，你再回饋於人群，便不會時時掛在心上。

畢竟，人有時用之於社會，有時取之於社會，等自己行有餘力時再無私付出即可。人際間有來有往方能加深聯繫、締結情義。別讓不成熟的自尊，將自己陷於孤立無援之境，只要你願意向外求援，身邊的人也會為了這份共患難的信任而加深彼此的情誼。

接納幫助，也需要氣度

現為美國職棒紅襪隊球員的林子偉，為了報答在高雄高苑工商就學時期幫助他的導師，於今年捐助了百萬獎學金給母校，以鼓勵母校的後進，能培養出更多優秀的青棒選手。

林子偉自國小就開始打棒球，因二〇〇九年八月莫拉克颱風的侵襲，讓他成了八八風災的受災戶。當時，他和表弟等親友同時進入高苑工商就讀。導師在得知他們的處境後，以林子偉於棒球的優異表現為由，幫他申請高額的獎學金，以減輕林家的經濟重擔。林子偉於媒體受訪時曾說：「那時家裡窮，很辛苦。如果沒有老師，我真的不知道該怎麼活下去。」

在這樣的境況下，有些孩子會因為沒有遇到這般的貴人牽成，導致他們長大後仍活在往日貧困的生活陰影中，即使日後有所成就，卻變成一毛不拔的守財奴。

Check!

如果有困難時，誰會對我伸出援手？

但有些人會像林子偉一樣，一旦接受了幫助，就將日後定會加倍回饋的感激之情置於心底。並且將此化為自己更加速蛻變的動力，期許自己成為一個能造福社會的人，並實現對自己的承諾。

其實，不論何種形式的接納都需要極大的勇氣，不論是接納另一個人對自己的感情，或是接納他人任何一種有形或無形的付出，都需要極大的氣度。一旦自己能從中確實得到成長的養分，成長後的自己，也將回應更豐沛的能量。因此，不必因一時的自尊，把自己逼至絕境，只要你願意，這個世界就會對你伸出援手，並感謝你予其有能力付出或回饋的感動。

加入與人為善的正向循環

在《為什麼要一直旅行》書中，作者田中千惠提到自己帶著一隻原住民老奶奶送的狼犬，在心目中的另一個故鄉——加拿大的原始森林部落旅行的故事。途中，烈日的炎熱讓他們的氣力散盡；幾個小時過去，她卻只能眼睜睜看著一部部車子從自己面前呼嘯而過，三個小時過後，終於有一輛車子願意減速停下，看看他們是否需要援助。

對歷歷在目的旅程場景，田中千惠如此描述。當時，我像是懇求著救世主伸出援手般，拖著蹣跚的腳步衝上前去詢問車主：「不好意思，我要往黃金河的方向走，能不能搭你的便車？」

年輕的女駕駛告訴田中千惠，之前，她曾遇過一個善心人士願意花費好幾個小時載她到很遠的地方，本來她覺得很不好意思，一度想婉拒對方的好意。當時，那個駕駛告訴女孩說：「你將來有機會幫助別人，再還給那個人就行了。」就是因為這句話，她才停下來讓田中千惠搭便車。

這段經歷讓田中千惠感觸良多地寫道：「我相信，我和威爾菲（她的狼犬）之所以能夠前進下個目的地，抵達我們想去的地方，憑藉的不是車子與汽油的力量，而是人們超越時空的溫柔與善意。即使肉眼看不見，但相互幫助的循環確實存在，我希望自己也能參與其中。」

當我們獨自一人面對無法突破的困境（無論是心理上或現實生活上的），就像自己被關在密室，負面的能量因為找不到出口而日漸沉重。其實，只要坦承自己的需求，就算只是釋出一個呼救的眼神或一聲嘆息，生命中自然會出現適當的使者助你脫困，或是藉此引導你學會脫困的方法。試著讓自尊、憤憤不平等無濟於事的情緒站到解決問題的排名後頭，真正幫助你的力量才會悄然若現。

Cheer up 加映場

人生就像回力鏢，你丟出去的是什麼，就得到什麼。

——美國現代成人教育之父　戴爾·卡內基

不了解你為什麼要做這件事？就找不到人生的答案。

當人生充滿不確定性時，我們會因一時的困惑，不知自己該何去何從。為了探知內心真實的想法，可以透過不斷地反問自己，找到一絲引導的力量。

當你覺得怎麼努力都得不到肯定，將要心生放棄之際，試問自己：「為什麼當初我想要選擇這條路？」

當你不知該以現階段的歷練或是未來的實質成果為重時，可問自己：「是途中的風景吸引了我，還是路的盡頭還有其他人生目標在等著我？」

當你的夢想，遇到周遭人的強烈反對，應該問自己：「為什麼他們如此反對，我還是想要走這條路？」

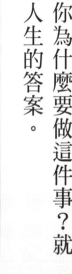

Check!

為什麼當初我選擇了這條路？

或是自我反思：「我是為了叛逆而反對，還是真的很想去試試看？」甚至，為了避免落於追隨眾人的腳步，你可以先問問自己：「為何你要使用他人的方法來達到目標？是對自己沒信心，還是對自己的未來其實沒有任何想法，只是被別人的光環吸引而已？」如此，便能於每一次反問的過程中，幫助還在摸索人生方向和方式的自己，更確立今後的步伐。

複製他人經驗，並非讓他人為你的人生背書

一位初出茅廬的作家，因其出版的書籍登上暢銷榜，而受邀至某所職校和學生們分享經歷。座談時，這位當紅作家提供了許多成功人士的哲學與方法，卻未提出他自己的人生觀，以及如何實踐的理念，因此後續主辦單位接到諸多學生的抱怨：「我好像聽見一位名人的分身來授課，卻不見作家本人的特色，甚感遺憾，既然如此，不如去買該位成功人士的新書就好了。」

其實學生們所期待的，是從座談會中吸收到嶄新的人生觀點，就算是同樣的觀念，但透過不同作家的人生歷練與演譯，應有不同切入的角度，必有可參考之處。若光是整合成功人士之所言，就會像我們看到報章雜誌上的名人風采般，雖然甚是欣賞，但因為人生格局的差異頗大，因此無關痛癢，無法成功引起共鳴。

人生之路並非不能依樣畫胡蘆，而是我們應該思考：自己之所以依循著這樣的路線前進，究竟是為了什麼？是為了複製他者的成功？還是你想透過這樣的路徑，更接近自己？因此，尼采才會於書中一再提出：「你為什麼要做這件事？為何想成為那樣的人？為何要走那條路？」

當你「願意認同」自己的理念時，屬於你的道路自會展露於眼前。即使我們可以複製他人的模式，但若無法從中領悟受用之處，再成功的企業家、再聞名於世的名人也不能為你的未來背書。若能從他人的經驗談中，汲取適用自己的智識，再依照現實的處境去調整步伐，你不再需要盲目崇尚任何的偶像，也能成為自己人生的典範。

Check!

再一次機會，我是否會做出同樣決定？

走自己的路，到達屬於你的地方

臺灣第一位無國界醫師宋睿祥最近出版了一本書──《回家的路，是這樣走的》。宋醫師於大學四年級時就開始對自己的未來感到疑惑，是否要照醫學體制走下去：實習、考上醫師執照，然後一路從住院醫師、總醫師到主治醫師，努力前進，就這樣投入醫界、奉獻一生？但他心中卻不斷地迴盪著這樣的想法──「我想走一條有別於他人的路。」

後來，在一場由無國界醫生舉辦的攝影展中，一張阿富汗難民營的照片撼動了宋醫師的心，他終於找到自己想走的那條路──就是進一步了解並幫助像這樣需要援助的陌生人。於是，不到三十歲的他，就跑到香港毛遂自薦，並順利成為一位無國界醫師。

在宋醫師到葉門行醫的期間，因為他服務的亞塔醫院就在戰爭的火線上，每場砲戰過後都會產生大批血淋淋、嚴重創傷的病患。由於當地醫療資源的缺乏，不論是換藥或是藥品的補給都無法跟上傷患的需求，因此他親眼見識到身為醫療人員的無力。看著這個資源分配如此不均、人類生而不平等的處境，他內心充滿困惑與沮喪。

他有感而發地寫下：「亞塔是我被軟禁的地方，是我心靈受苦的地方。」並深深感慨：若心不自由，那麼他從台灣遠赴葉門行醫，也不過是從原先禁錮自己的原生地，跑進另一個禁錮自己的異地牢籠罷了。在疑惑、不解、痛苦、掙扎……複雜的內在感受中，他雖然很清楚自己想要的路，卻又怕被困於主流價值中。因此，數度回來，又出走。

經歷這些事後，宋睿祥醫師開始反思：過去的他很傲慢，認為單憑己力就能找到生命的答案。這樣的念頭可以說是一種面對生命的骨氣，卻同時也阻礙著自己。只有開始感受到自己的渺小，視野變開闊，人的包容心才會變強。

不過，在此來回探詢的無形過程中他也建立了自己對於人生的哲學，為自己樹立起一個獨創的標竿。

如同尼采說過的：「甲之良藥，乙之砒霜。」

既然他人的方法不見得一體適用，那麼，先探究自己內心真實的渴求，再輔以自己的優勢、特長，由此發揮，就可以打破心裡對自己或人生的諸多質疑，找到能夠安置身心的一方天地。

Cheer up 加映場

如果你沒有自己獨特的觀點，那你不過就是品牌的另一本型錄罷了！我才不做型錄。

——義大利版《Vogue》總編　法蘭卡索薩妮

什麼能讓你感到靈魂得到了昇華？能回答便能明白自己的本質。

學生時代，我們都會對未來懷抱著期待和夢想，替自己描繪一些願景，或是期許自己成為什麼樣的人、將在社會上扮演什麼樣的角色……等。不過，遇到現實的阻攔後，後來的走向往往演變成：自己在主流價值觀的包圍下，被推著往前走，一如不斷被海浪侵蝕的岩壁和沙灘，夢想的海岸線也逐漸消失後退。即使整體的人生看起來是前進的，但屬於自己的鑿痕與最初夢想的銘印早已消失。現在的你，還是真正的你嗎？

因此，尼采提出了幾個問題，可作為檢視自我本質的方法。例如：「什麼能讓你感到靈魂得到昇華？什麼能填滿你的內心，讓你感到喜悅？你對什麼入迷

Check!

人生至此，我曾對什麼著迷投入過？

過？」統合一下這些答案的本質，真正的你就會浮出心海。

舉例來說，如果你覺得透過看展能夠讓自己感到喜悅、平靜，不如深入探究自己喜歡看什麼性質的展覽？是畫展、攝影展或是其他形式的特展？為何自己會對此範疇有興趣？該如何在既有的人生軌道中，稍微結合一些興趣的部分，為現有的人生加分？透過這樣的檢視，無形中，被深埋的自己便漸漸顯露，而不會再被消極定義的自己（如庸碌的、沒有能力的……形容詞）給埋沒。

每個提問就如同毛線的開端，透過不斷交織的答案中找到你理想生活的樣貌與型態。並且，不必對流逝的時光如此心急，因為，時間的試煉，是你對此是否真心渴求的印證。給自己一點發酵的時間與空間，興趣的酵母才能為你釀造一甕足以醉人的佳釀。

你真心投入的所在，就是你的價值之所在

五度獲得金馬獎最佳攝影獎的攝影大師李屏賓，投入電影攝影領域已三十多

年，至今，他對於工作仍保有極高熱誠。

曾有平面媒體訪問李屏賓：「攝影對你而言是什麼？」

他回答：「攝影代表了我每一個時期的心境，每一個階段的成長，我對體制不斷的叛逆，我重覆失敗的冒險，我孤獨的時光與蹣跚的腳步……。」透過攝影，他不斷和自己對話，同時，擷取的影像也映照出他內在的光彩。

二〇〇九年，諾貝爾化學獎得主尤納特教授於核糖體研究領域出現重大突破，因此有助於解決一直以來細菌對某些藥物會產生抗藥性的問題，進而直接挽救生命與減少人類的痛苦，所以其研究的成果受到普世的認可。

在此之前，尤納特教授歷經了長達二十年的孤獨研究之路，不過，她憑藉著對研究的好奇心和高度的熱情，在面對眾人的訕笑與多達兩萬次的失敗後，咬牙撐到了研究成果展露曙光的那一天。

憶起當時投入研究的孤獨，尤納特不斷用自我肯定陪伴著自己，同時一再設定問題，並嘗試著解決，這種過程對她而言就是一種幸福。她以過來人的心路歷程鼓勵世人：「找到自己喜歡的事，做就對了。」

「從事什麼能讓你感到靈魂得到了昇華？」

對自我的提問如同一盞探照燈，探求的是你最誠實、最真心的渴望，像李屏賓和尤納特一樣持續用熱情燃燒真誠的渴望，就能於人生的黑暗洞穴中看見指引的亮光。

Cheer up 加映場

追隨多數必然迷失自己。只能不怕孤獨，繼續做自己想做的。

——日本建築師　安藤忠雄

快樂的泉源在於成為對他人有用的人，這樣你便會感到自己存在的意義。

尼采於《人性的，太人性的》一書中表示：「生活中，一些人感到不快，原因在於：他們的行為無法產生幫助他人的效果，一些年老之人更會為此感到鬱鬱寡歡；而本應朝氣蓬勃的年輕人之所以不悅，則是因為他們還沒有成為一個對社會有用的人。」

快樂的本源來自於和他人互為連結，這不只是一種感受，更能追溯到生命最根本的問題：「你的存在到底有什麼意義？」

一個人存在的意義就如同生命的主幹，能夠穩住你的心靈。若沒有感覺到存在的意義，內心將會成為飄盪的靈魂無所依歸，幽暗的漩渦會將你捲入軟禁，自

我的價值也會漸漸被抑鬱所掩埋。

尼采認為，成為對他人有用的人，不僅能讓自己感到存在的價值，並且能萌生純粹的喜悅。不過，前提是，自己必須抱著無私的心去付出，而非希冀回報。當你的付出不是緊扣著施與受之間的需求平衡時，獨立於世的能量就會從內在自然發散到外在。

能讓人利用之處，就是價值所在之處

那麼，除了物質以外，就個人的本質而言，究竟有什麼是你能夠真心付出，並能帶給他人實際助益的呢？這個答案，囊括了你的特質、優點、特長、專業……等。自我檢視後，你會驚呼：「我竟然有這麼多尚未開放的能力！」

當代攝影藝術家楊哲一因為了解攝影的影響力，因此希望將這樣的力量傳遞給更需要幫助的人。於是他積極向各界申請補助計畫，並在二〇一一年獲得金車教育基金會補助，開始推動「童話．小小攝影家寄給世界的明信片」計劃。

Check!

現階段的我能為他人創造何種價值？

後來，他的計劃除了在臺灣各地的偏鄉小學先行展開，後來更擴展到全世界許多偏鄉的角落。例如：印度難民中心和廣西部落的育幼院。在引導小朋友進入攝影創作的過程中，他教給孩子一些攝影觀念，讓他們喜歡上攝影。並揉合其他更多元的創作媒材如新詩，讓孩子們能夠透過攝影和文字，表達對自我的認同與對土地的關懷，進而關心自己生存的所在。

有流浪攝影師之稱的楊哲一，曾歷經一場重病、失戀、家庭變故，在決心放下一切後，他決定出走台灣，試圖去尋找另一個自己，並獨自進行一趟沒有時間、距離與目的地的流浪旅程，希望藉此重新找回人生的方向，也於生命的低潮期，看見自己對攝影教育的使命，更看見了過去尚未發掘的自我價值，在施與受的循環中，重獲個人存在的意義。

每一種付出都是平等的

在某個村落中，有幾塊巨石因石材不錯，被村民雕成神像供人膜拜。不料，

Check!

有能力付出時，我會
有什麼感受？

人們後來又把廟宇改造他用，竟把原先的石雕拿來鑿成石梯，供人踩踏。從受人仰慕的石像淪落為眾人行履的踏板，其中一塊巨石不禁抱怨：「真是大材小用！」

但另一塊巨石卻說：「我很感激能有一個位置，自己能夠踏實地付出，比起一個高高在上、光擺架子的偶像，更有意義。」

的確，自我存在的意義並不會因為你的貢獻大小、位階高低而消失。我們之所以看不見付出的價值，大多時候是基於過分比較之心。但是，只要你付出時的心態是無私的，即使在最不起眼的角落，也能體會到自己有能力貢獻的喜悅。

就如同在三一一日本核災發生不久後，就有許多慈善團體自願前往福島投入救災工作。一旦災變當前，如能奉獻一己之力，就不會在乎自己平常的身分地位、生活水平，就算必須蹲著為災民熬煮一鍋粥，或是深入頹圮的家園，從中搜尋受難者的大體，他們的每一分投入，都在彰顯生命光輝的可貴。

因為在為他人奉獻己力的同時，你會看到自我的價值從抑鬱的土壤中萌生，原本負面的心理狀態，如自我懷疑、自我批判，也將逐漸消融。透過付出，你會更懂得尊人與尊己，不會讓任何人輕易剝奪你存在的意義，當你穩定心神，就有實力往更高層次的人生飛升。

Cheer up 加映場

一個人的價值應該看他貢獻什麼，而不是取得什麼。

——現代物理學之父 愛因斯坦

Chapter 2

正視拖垮人生的弱點，人必自重而後人重之。

膽怯，就是毀滅。

尼采曾於他的著作中寫道：「當一個人心懷恐懼時，他也就主動選擇了失敗的道路。」

假若，我們面對人生的抉擇時，懷著一顆膽怯的心，那麼之後你會發現，所有執行過程中發生的狀況，似乎都和自己原本預定的想法一樣——你果然遇到了諸多不順、有些共事的人同樣繼續造成彼此的不快，最後導致失敗收場。

因為，當你感受到膽怯時，會開始為自己尋找諸多的藉口來搪塞，例如：都是因為對手太強、執行的難度太高……等，以避免碰觸到最害怕的關鍵點——你不願為了解決問題、準備備案更加全心地投入，或事前化解同儕間原本的歧異。

Check!
為什麼對於這件事，
我會如此畏懼？

即使你最後付諸行動，其實對自身的信任程度仍很低，因此，自己所預期的負面狀況皆一一浮現。

不過，若我們一開始就抱著即使沒有全權的把握，仍然願意全心全力嘗試看看的心態呢？也許，事情的發展就有轉圜的餘地。

深入痛處，找出引發你膽怯的原因

恐懼的產生，很多時候只是出於自己莫名的「想像」。這些想像有些源自於你過往的挫敗陰影，有些來自於他人的失敗經驗，有些是由於你對某些人事物無法掌握所心生的不安全感，更有些是因為自己的所知有限。因為上述等緣故，想像的空間被自己無限擴大，變成一層阻撓自己接近問題的薄膜，讓自己裹足不前，無法看見人生其他的可能性。

當你又開始擔憂時，試著告訴自己：「每個問題都是單一的，你可以將問題就成因作切割後，再各個擊破。」這並非是一件簡單的心理工程，不過，經由逐次練習，可鍛練自己對抗膽怯的勇氣。

至於該如何深入探究自己膽怯、擔憂的根源呢？

你可以透過日記將自己對某件事膽怯的想法、經過，如實記下。過些日子，再重讀這些紀錄，你就會發現，從另一種時空看來，這些令自己擔心害怕的事情，實際上根本不值得令自己如此畏懼。

比如，你害怕在全班同學面前演講，擔心講錯被別人笑，於是你只要一遇到必須上台的時刻，就渾身發抖、閉口不言。其實，講錯又有什麼關係呢？只有透過犯錯，你才知道自己哪些方面還不足。何必因一時的情緒使然而喪失這個讓自己得以進步的機會呢？更何況，即使你講錯了，只要你自己不在乎，別人是不會記在心上的，正如你自己也不會過分注意、計較別人談話的內容一樣。

有時候，我們之所以擔憂，是因為恐懼事情發展的如負面想像，或是不希望自己出錯，讓他人有指指點點的機會。其實，這都是由於「本我」過度的擴張，認為大環境與他人都會隨自己的想像般改變。事實上，客觀的環境與他人的主體

Check!

除了畏懼，我還能為此做些什麼？

都有各自的演變與主張，並不會隨著你的心念而變動。與其杞人憂天，不如讓自己盡力而為，做出最好的自己。至於不盡完美之處，下台後再深耕補強，透過一次次的印證，你的能力與心志將越發茁壯。

迎向恐懼之處，然後全心投入

臺灣第三大現搖飲料店CoCo（都可茶飲），於二〇一一年開始發展海外市場，當時總公司急需有經驗的人力去協助當地業主建立一套營運流程。後來，公司認為加盟主的角色，是最能夠體會一家店從無到有的過程，便從當時多位加盟者中，篩選出不到十位既符合資格又有意願的人，陳瑋璿就是其中一名勇於開拓市場的大將。

當時，陳瑋璿從這個別人眼中認為「有夠倒楣」的外派工作中，看見了讓自己開發潛能、拓展視野以及提高競爭力的機會，於是欣然願意擔此重任，並在頭一個征戰地——紐約，第一次感受到文化差異的衝擊。因為他在臺灣累積的優異經驗，並無法說服當地文化思維差異甚鉅的員工，自己的「菜英文」更加諸彼此溝通的壓力。面對前線接踵而至的挑戰，而後頭又幾無援兵的窘迫困境下，讓他受挫感日益增高。不過，陳瑋璿並沒有因此後悔而打退堂鼓，因為他知道破除眼前障礙的唯一方法，就是想方設法解決問題。

深思過後，他放下主管的姿態，先與當地員工成為朋友，並採取親力親為的領導管理方式。半年間，陳瑋璿讓紐約各店的員工們，逐漸凝聚團隊共識。而他建立有效率的排班系統及種種改革，更讓業績快速上揚。

面對人生問題和人際相處其實有一點相似之處，就是給予自己再深入了解的機會。若我們只是圍繞著問題的外緣打轉，只會加深對問題的恐懼。當你願意進一步檢視問題時，就會因為看見事情的原貌而減少畏懼。

另外，一旦你願意親近問題，也代表著本身願意轉換思維和信任自己。此時，內心湧現的正面力量，將化為克服問題的行動力。最後，你的焦點將會慢慢移至「我如何解決問題」的層面上。當你學著理性看待現有情況的同時，膽怯也將離你遠去。

有人說：「無畏，是靈魂的一種傑出力量。」

人必須經歷各種的試練才得以練就無畏，若面對人生的種種困境和疑惑始終帶著膽怯，那麼自身的靈魂就會像被困於人生的某一角落般，無法自由呼吸。但是，只要認知到這可能是自我生成的一種恐懼假象，就能像哈利波特召喚「護法術」一般，運用正面的意念集中注意力，將幻象一舉驅逐，展現勇者無懼之姿，人生的機會大道就會通行無阻。

Cheer up 加映場

運氣的確是眷顧著有勇氣的人。你如果不嘗試，你永遠不知道你能完成什麼。

——臉書首席營運長 雪柔．卡拉．桑德伯格

看不起人，是因為內心虛弱，而不是內心強大。

一只袋子若是空的，他會隨風飄搖；但是，若將厚實的東西填充入袋，他便不易迎風搖擺；如同田中飽滿的稻穗總是低頭彎著腰，但未成熟的稻穗卻是傲然昂起。人的內在心理與外在行為也是形同此理。

在社會上，我們常會遇到一些喜好說人長短的人，不論是就物質的層面，或是不論遇到什麼樣的人，他們總是對別人頗有微詞，似乎認為貶低別人一些，就能抬高自己的身分一些。

例如：出席同學喜宴時，有些人就不禁在心中評論別人的穿著、首飾或攜帶的包包，是否名貴或得體？知道孩子就讀的班級中，有些小朋友出身貧寒，就兀

Check!

為什麼我會鄙視帶有某些特質的人？

自認定對方缺乏教養，或從中干涉孩子的交友情況。這些平時就習慣瞧不起他人的人（或誤認為自己或自己的所有物總是高人一等的人），除了顯現出內在涵養的空虛之外，只是更易暴露自我心性成熟度的不足。

過去，我們可能會誤以為，身為上流階級的人，才有「瞧不起人」的心態，相反地，當一個人正值低潮的時期，或對現實人生不滿時，其實更容易衍生這樣的行為，讓心中輕率的想法不經意間從言詞中流露。

因為當你在認為自己不如人時，會更不想顯現自己脆弱的一面，以免加深自卑的情結。當你能意識到這一層心理障礙，將有助於自己從今而後不再以虛代實，而能以積極強化自我的態度，讓成熟心念和外在實力漸趨一致。那麼，你會感到：每個人身上都有值得自己學習的價值，發自內心的謙遜心理，會讓你真心地和各種人相處，並從中吸收受用之處。

形象走紅。

丟掉攀比之心，認識自身的獨特性

歐馮．金．奧崔是美國一名著名的鄉村歌手和演員，早年以「歌唱牛仔」的形象走紅。

在成名前，奧崔的德州口音曾令他感到困窘和自卑，而身旁的朋友也告訴他，若想在音樂界和娛樂圈混出頭，必須改掉自己的鄉音。因此，奧崔的唱歌、言談甚至是舉止，皆刻意模仿都會區的人。不過，他的作法引來不少德州人的批評，連都市的人也恥笑他的矯飾虛偽。

在眾人的指責下，奧崔從難堪中驀然醒悟，自己竟為了符合潮流反倒用較不擅長的方式歌唱，更背離了自己想要投身歌唱事業的初衷。因此，他決定回歸自我，用原生的口音在歌壇上重新出發。

沒想到，當他運用自己獨特的音色演唱西部歌曲時，竟深獲大家的喜愛，甚至引起一股熱潮，為自己敲開了演藝生涯的大門。

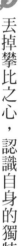

Check!

我的「看不過去」，是否隱含傲視心理？

後來，因為知名度激增，奧崔又有機會跨足到電影、電視、音樂、廣播、戲劇各領域，並成為真正的全方位藝人。在一九九八年他逝世前，總計出版了六百四十多首歌曲，拍攝了九十三部電影。淡出娛樂圈後的奧崔在商業領域也有不俗的表現，他成功經營了數家廣播電台與電視台，還曾創建一支棒球隊——也就是現今美國大聯盟的洛杉磯天使隊。

不論對自己或別人，我們常常會用「比較」的眼光相互檢視，如果過度被攀比的心態所控制，就會忽略掉原有的優勢，反而在計較彼此的弱勢。例如：覺得自己長得不夠漂亮，或是對別人某些性格或作為看不過去，反而更激化了自身的自卑或自大的心理，於己於人皆無所助益。

如果你能著眼於「該如何突顯自己的特質？」並在羨慕他人能力的同時，尚能虛心向對方請益，如此一來，關注於自身發展的你，就能遠離扭曲的比較心理，甚至能利用自己的優勢去幫助有所需要的人。

透過反躬自省，讓心靈更趨飽滿，就不會再輕易因那些關於自己的評論而患得患失，當你將自己當作他人來羨慕、欣賞。如此，你也將學會如何去欣賞他人和尊重他人，眼界也會變得更寬廣。

心的空洞，意味著你其實能裝的更多

許多人於認知到自身的不足時，往往會急著否定自己，任由自卑感恣意橫生。在自尊心作祟下，不僅不願承認不足之處，還阻斷了學習提升的契機。

其實，你不必過度妄自菲薄，我們可以轉換成另一個角度來思考：當桌上的空間越大，意味著我們可以盛放的東西越豐盛。與其為了掩飾內心的不足，而急著替自己樹敵，不如以每個人為師，讓自己成為一個真正有實力，但又懂得謙遜之人。

大多時候，我們都會將視野向外，尋求方法或導師，但適時地向內檢視，反而可以為自己帶來更多洞見的躍升。

例如：即使我們心生負面情緒時，也能以此為師，引領自己正視原本忽略的性格缺陷。當我們願意接受心的引導，深刻地體認到自己應有所調整的想法或做法，當內在實力茁壯後，自己就不會再為了掩飾內在的缺乏去攻擊他人，而能自信地挺著胸膛。一旦對人、對己的視角產生心靈層次上的轉換，原本充滿重重難關的外在環境，也會因你的增強而逐步減弱對你的威脅，而能從中看見於己有益的命運轉折點。

Cheer up 加映場

最大的驕傲與最大的自卑都表示心靈的最軟弱無力。

——哲學家 巴魯赫·斯賓諾莎

被小事牽著鼻子走的人，看似細膩，實則心懷恐懼。

日常生活中，我們有時會糾結於自己都不明白為何要如此堅持的事。可能是和情人溝通時，因為對方一個不耐煩的語氣，覺得自己被無辜波及、心生委屈，頓時引發反感，而與其冷戰數小時；可能在和家人分享工作甘苦談時，其實你只是想宣洩一下苦水，好讓自己有再重新面對新的一天的動力，但父母卻看不過你面對工作以及處理人事的一些態度，紛紛提出「中肯」的建議，讓你以後選擇性地坦露工作情況，因為你不想再接受「下班後的訓話」了……。

以上，都是過於重視小細節，卻無視於關係的相處重點，導致越常溝通反倒加速人際關係疏離的案例。對此，美國研究應激反應的專家理查德·卡爾森曾

Check!

在哪些事情上，我有吹毛求疵的傾向？

說：「不要讓小事情牽著你的鼻子走，要冷靜，並理解別人。」並提出一些幫助自己放寬心胸的實際建議：

1. 學會傾聽別人的意見。
2. 不要試圖把一切都弄得滴水不漏。
3. 不要頑固地堅持自己的權利，這會耗費不必要的精力。
4. 不要老是糾正別人。
5. 請忘記事事都必須完美的想法，您自己也不是完美的，這樣生活會突然變得輕鬆。

透過以上方法，就不易讓小事絆住心靈，你也能將空餘的心力放在真正應該著力的地方，等到事過境遷後才猛然醒悟：原來不留意這些事情，也不會世界末日嘛！

謹記你最初與最終的目的

我們會想抓住細節，主要源自於不安全感，想辦法讓自己從未知者變成全知者，深怕哪個環節被自己遺漏了。不過，如此精細的過程，其實也很容易將「突發的轉機」被短淺的目光所過濾掉。

為了排除所有被視為「危險」的情況，我們很自然就會選擇走安全穩當的老路，若一直小心翼翼地專注於前進的腳步，反而會讓自己放慢前進的速度。

我們可以思考一下：為什麼在同樣的十年時間中，孩子從小學變成了高中生，心智也從幼兒變成少年；但當成年後，從二十歲出頭到三十歲出頭的十年間，出了社會之後，有些人越發成熟、處事沉穩，但有些人的行事作風卻還停留在少不更事的階段，因此會覺得環境與自己格格不入；時光再往後推到逐漸邁向中年，從三十歲到四十歲的年紀間，有些人就開始被定型了，接下來的人生走向與觀點大致上都相差無幾，也無心承受任何變動；不過，卻有些人仍想一再突破，試圖為有限的人生，留下更多燦爛的花火。

同樣用十年去區隔一個人一生的脈絡與起伏，有些人在某個階段就停滯不前了，有些人卻一再朝新的目標邁進。這之間的差別就在於，如果一個人無法擺平自己的安全感，光是為了一些生活瑣事、人情世故就榨乾了心思、精力，自然只能停留在同一個領域、同一個層級，因為這樣自己的能力才能勝任現有的一切；若一個人不論在任何年紀，都能緊緊把握向上提升、歷練自我的機會，即使放掉一些自己對生活與人事的糾結，也不會對人生造成什麼遺憾。

面對惡劣的人生海象，如果你想補到大魚，就無須縫製十分細密的漁網，反而應將專注力放在如何自己提升捕魚的技術上。那麼即使面對再大的風浪，都無所畏懼，都有你施展的空間。

有時，離理想目標只缺你的臨門一腳

有三隻青蛙不慎一同掉進奶油罐裡。

Check!

放寬標準後，會對成果造成重大影響嗎？

第一隻青蛙心想：「這一定是神的旨意，我再反抗也沒有用。」於是，他一動也不動地被淹死在黏膩的奶油中。

第二隻青蛙試著在奶油中使勁施力，看看是否有機會逃生，但努力一段時間後，他心想：「這個罐子實在是太深了，我沒有力氣跳出去。」於是，放棄掙扎的第二隻青蛙，也被淹死在奶油中。

只有第三隻青蛙不顧他者的選擇，他心想：「只要我的後腿還有一絲力氣，就一定有機會跳出去的。」

於是，他就不斷使勁地在奶油中奮力滑動，約略過了一個小時後，奶油竟逐漸凝固結塊，剛好他的力氣也所剩無幾，就用最後一躍的精力跳出了奶油罐，救了自己一命。

如果你遇到同樣的狀況，會採取哪種策略呢？面對諸如此類的情境，我們常會一一列舉許多「這是不可能的任務」的理由。例如：風險太高、我的實力不夠……等，試圖說服他人，也說服自己，寧願一直用那些藉口來恐嚇自己，卻不願先去嘗試，如果真的遇到問題，到時再見招拆招。若因為一時的細瑣考量，讓自己在成功之門前面，不斷游移徘徊，等到你想到絕佳的方案，也調整好心態時，機會之門卻已不在。

人生中充滿了大大小小的意外，就是因為這些突發的危機，才能讓我們看到最值得珍重、珍惜的事物和此生無論如何都不能輕易放棄的信念與目標。把心放寬、放鬆，在這一鬆一緊的節奏間，人生才能彈奏出最美妙的樂章。

Cheer up 加映場

你的格局一旦被放大之後，再也回不到你原來的大小。

——催眠大師 馬修．史維

你所表達的只是情緒而非事實，你所拘泥的是對事物的想法和執著，而非事物的本質。

在當紅的大陸親子節目《爸爸去哪兒？》之中，諸多明星親子互動的場景，也讓我們彷彿重溫兒時或曾經與孩子們相處的情境。因為未經世事，所以孩子面對各種挑戰與人際互動的反應總是最直接的，難免也有鬧脾氣的時候。這時，明星老爸們會用自己的「育兒之道」去關切、安撫或是提醒孩子，針對各個父親的反應，專業的教養專家也會隨後提出正解。

其中，有位專家提到了這個觀念——「當父母執著於自己，就看不到孩子。」藉以說明：有些父母會在孩子犯錯時，因為難以壓抑心頭的微蘊之火，所以忘了「感同身受」的視野，反倒一再將「你做錯了」的帽子冠在孩子頭上，雖然是發自善意想讓孩子成為一個「明事理」的人，但有時候，三番兩次的重複指責，明顯是為了藉此傾倒心中的怒氣，直到自己罵消了氣為止，反而會讓孩子因為感受到過度挫折，更難「學到經驗」，只學到了「在父母面前，千萬不能這樣做」的掩飾心理，產生教養的反效果。

因此，不論面對何種關係，當我們訴諸情緒時，別人接收到的往往也只有情緒。人皆有防衛之心，以負面的情緒回應，本來是希望對方藉此理解自己不舒服的感受，最後反倒弄巧成拙，一再相互傷害讓關係走到難以收拾的局面。

其實，當你想發脾氣時，如果可以正視自己想反擊的原因（執著的根源），等到彼此情緒對的時候再溝通，更能釐清實際情況，對方也會因你的平心靜氣，更有傾聽的耐性。

不過，情緒當前之時，我們往往會希望他人能於第一時間明白自己心中的感覺，不經思考就將情緒性的話語宣洩而出。雖然直接，卻也容易造成表達上的謬誤，甚至模糊了原本的訴求，加深彼此的衝突。如能讓最深層的感受成為幫助自己探討問題的源頭，才能看見衝突的真相。

你想要傳達的真正訊息是什麼？

有位失業已久的年輕人，因為求職不順而陷入沮喪。隨著日子一天一天的過去，他的脾氣也變得越來越暴躁。

見狀後，他的母親不禁萬分憂心，於是不斷向親友、街坊鄰居打聽工作的去處，甚至拜託他們幫孩子多加注意、注意。

某天，母親又興沖沖地拿著朋友介紹的工作機會告訴兒子：「或許你可以試試看這個工作。也許不是完全符合你想要的，但至少是個機會。」

聞此，兒子日積月累的情緒彷彿找到出口般湧現心頭，他忍不住對母親咆哮：「你不用幫我找，你又不清楚我要的是什麼！」

看到母親一臉受傷的表情，兒子感到很懊悔，其實他了解母親的用心良苦。

但是，他無法克制自己對於這段時間以來，不斷經歷自我價值喪失的無力與憤

Check!

我想要傳達的情緒訊息是什麼？

怒。當我們陷入鑽牛角尖的情緒時，不論別人是基於什麼樣的用意進行溝通，都很容易引爆「你又不了解我」的地雷。

其實，於情緒迸發的當下，在怒不可遏之前，你可以試著給自己一個冷靜的空間或一段時間，就像當你吃飽後最好讓胃好好地消化一樣。透過這個「消化情緒」的動作，可以幫你沉澱心情，讓紊亂的思緒有舒展的空間；當情緒穩定後，你才能思考該如何正確表達內心的訴求、該怎麼說可以讓對方更能理解。多了這段時間的放鬆，也方能看見「為什麼我常常會因這類事發脾氣」的根源，藉機清除心中的地雷，就可以減少未來引爆的機率。

當你忘記他者時，同時也放下了自我

在印度靈性大師奧修的演講中，曾收錄一則談到自我與執著關係的小故事。

有一次，信徒們決定在緬甸蓋一座很大的廟，並希望將大門作成獨一無二的設計。為此，他們請來了一位被世界公認最有藝術天分的大師來設計這道門。

不過，這位大師有個習慣，當他設計的時候，為了避免讓自己過度沉浸其中，會讓他最信任的大弟子坐在身旁，每當他完成一部分設計，大師就會問問看大弟子的想法，如果大弟子認為這樣不好，他就會馬上將設計圖丟掉，然後重新製作，除非大弟子說：「好，這就是我們所要的。」他才會再繼續下一步。

在費時好幾個月的進程中，大師至少畫了超過一百種設計，不過每當他詢問身旁的大弟子認為如何時，大弟子只是搖搖頭，大師只好將設計擺在一邊，重新再想。

不過耗費心力至今，設計的工程卻未有一絲進展，於是大師很擔心：不知後續的工作將會怎麼樣？這個設計要什麼時候才能夠完成？大師甚至覺得在這一生當中，他從來沒有這麼努力工作過。

有一天，因為大師畫畫的墨水快要用完了，所以他就叫大弟子下山採買。因為要建築大廟的聖山離城裡有相當的距離，往返步行必須三天三夜才能抵達。所以在大弟子不在的這段時間，大師依舊勞心勞力地發想設計。

Check!

我對人事的執著，讓情況好轉或更糟？

三天後，大弟子回到聖殿，看到大師已完成絕大部分的設計，他手舞足蹈地告訴大師：「這就是我們要的了！為什麼您以前畫不出來呢？」

大師回答：「本來我也很擔心，現在我才知道，你在這裡是一種打擾。當你在的時候，我仍然是一個技匠，我有意識到希望自己這一次的努力，你會點頭，那就是一種意圖，讓我失去自發性的設計。當你離開後，我就能放下這種想法，當我忘掉你，我同時也忘掉了我自己，因而能發自內心地設計。」

如同一句禪語說的：「不是風在動，而是你的心在動。」

我們常常以為自己的情緒是來自於外界的引爆，實際上，卻是因為「自我執念」厭惡、在意此類事件或話語，為了「自我防衛」，因此更看不見起心動念的核心。

例如：若不幸遇到另一半劈腿，此時的自己之所以痛苦萬分，是由於你一直活在「我對他這麼好，他為什麼如此對我？」的情緒中（希望別人符合自我的期待，否則就會感到傷害或憤怒），或是沉浸在「我有哪一點比不上那個第三者？」的自大或自卑之中（因為意識他者的存在，而以此貶低或放大自我）。

實際上，另一半會劈腿，有很多因素，但這都是「他者」的選擇，如果一直執著於「他者的行為與選擇」皆與自己的作為息息相關，那麼就是自己太在意他者的想法與作為，因此無法讓自己跳脫。

一旦你能夠認清感情的本質在於：情感本是流動的，不是人為可以阻擋或抑制的，就會意識到：別人的心（或情感）的存在與否，與你個人的存在價值並無直接關係，你還是往日的你，不必因外界的風吹草動而否定自己。

多拔掉一些根深蒂固地認為「什麼事情就一定要順著自己怎麼做、怎麼發展」的固執，當你忘掉別人時，自己於是發乎內心的存在，此時，才能真正看到這個人、這件事實際的本性、本質。

就算是血親，你也沒有干涉他人發展的權利，你能做的就是再次覺察「內在的自己」，並且知曉自己真正的意圖與需求，透過與每個人的互動、每件事的交涉，將自己帶向下一個更好的境界。

如此一來，不管眼前的境況有多難熬，當你的心覺察到：這些人、這些事都是為了幫助自己更成熟、更無懼、更了然……在情緒煙消雲散之際，你也能因此看見造成事情發展的真相，往後就提升了自己看事情的高度與廣度，成就了一個更好的自己。一旦心如明鏡，人生也因此守得雲開見月明。

Cheer up 加映場

性情的修養不是為了別人，而是為了自己增強生活能力。

——日本佛教哲學家　池田大作

反對者反對的並不完全是提案的合理與否，而是不喜歡說話者的性格與氛圍。

有時，我們的言論引起他人不認同的回應時，自己常心生這類想法：「你又不是我，怎麼能了解我為什麼要這麼做？」將自己限縮在「二元對立」的思考面，以為不贊同者，就是全然的反對者。

當你過段時間再深入了解實情，可能會訝異的發現：其實對方並非反對你的提議，只是認為時間尚未成熟、目前考量有欠周全，或是你表達意見時的態度非常強硬、措辭嚴厲，才引發聽者心中的反感，對方因此覺得帶有「情緒化」標籤的提案或建議，強加執行只會因一時衝動導致的失敗，為避免後續對你更大的損傷，於是先表明自己不贊成這種做法的立場。

Check!

對方反對的原因是否
對我了解事態有益？

這時，如我們可意識到這種「反對」並非針對事件本身能否成立，而是緣於自己的表達有誤，那麼只要調整心態，或更能感同身受地去看到別人認為的不足之處，用實際的努力去弭平見解的差異，那麼反對有時候反而會成為自己成長的動力。

另外，生活中也會出現我們對別人的說法心存「質疑」的時候。這種情況往往來自於我們對此人的「尚缺信任」，或是感到對方發表時的用詞與態度，讓自己覺得很不舒服，才為此反感。

這時，如能「就事論事」地去想對方的提議是否可行？而不是用「我對這個人的評價與感受」去論斷他的想法時，彼此就有機會站在可以討論、斡旋的空間，讓事情得以順利推行，藉由正面的發展，也會進而加深彼此的信任鏈結。

如果你是自己的反對者，你會怎麼想？

假設，你的人生規劃被家人否定。因為家人是守護者的代表，你就可以試著用相對保守的態度去看待自身的規劃。家人之所以認為你這樣做太過冒險，並非是想限制你的發展，他們看到的問題點可能是：你是否有認清現實和了解你所要做的事情，日後會帶來的成果與後果？目前你搜集的資料和訊息是否足夠和正確……？

在想怎麼向對方提出反擊之前，你或許可承認「自己非完人」，這些問題或許你目前確實並沒有考量清楚，如此一來，你就能由他人反對的面向，重新省思本身想法和執行上所欠缺的部分。並隨著和他人往返地討論、調整，自身的思慮也會因觸及更多面向而更深更廣，付諸執行的成功率和本身的自信也會相對提高。

用具體成果說服「反對」聲浪，創造自己的經驗

擁有台灣大學機械系和留美碩士學歷，又曾幫美國海軍設計無人潛艇導航系統的林志偉，原本回國後期待進入科技公司。但是才過三個月，他就對日復一日

Check!

我反對這個人、這件事的原因是否客觀？

的生活失去熱情。在倍感煎熬下，林志偉不顧家人反對，選擇離職。離開工作崗位後，他便到西班牙度假散心並接觸一心想學的佛朗明哥舞蹈，更因為投入，讓他原本只計劃兩周的行程，變成一待就是三個月。

當林志偉更深入接觸到「佛朗明哥」舞蹈的精髓後，決心要將自己為此努力的成果帶回台灣生根發芽。回台後，他就到一間舞蹈機構當代課老師，偶爾也有機會到大學零星授課。即使收入微薄，但因為發自內心的踏實感，讓他走這條路的心更加堅定。

二〇〇三年，他創立了自己的舞蹈教室和舞團，更開設了經紀公司，並邀請國外專業舞者來臺教學、辦活動，希望讓學生接觸最純正的佛朗明哥舞蹈。家人也一改原先反對的立場，支持他走這條路的決心。

在面對「反對」時，先別讓這些聲浪否定自我，你可以想：我該怎麼做，能說服反對者的立場？不過，在創造成績的同時，你須先認清：究竟我走這條路，是為了內心真實的想望，還是為了要做給他人看的「自尊心」使然？如此，可以避免在反對聲音之下，導致內心更大的挫敗感。

因為，我們必須承認，人生有許多時刻，反對我們的並非他者，而是自己心裡的「小聲音」。不論是面對自己或異己的歧見，如果能用當下的努力與成長去印證當時的決定，那麼這股「反對勢力」，根本毫無機會成為你退怯的理由，反而可以藉此利用這個力量，將心靈和肩膀鍛鍊得更厚實，讓你有一天能夠自信說出：「我證明我有這個能耐。」並用實踐的魄力去證明，你也擁有改變人生結局的能力。

Cheer up 加映場

我從來不認為，不同意我的看法就是冒犯。

——美國前總統 柯林頓

責備他人，也就暴露了自己。

看見他人的缺失時，你是否會不由自主地評斷對錯、給予建言？此時，要小心在自己語帶「你應該」、「你要」、「你不可以」、「你不能」、「你怎麼會如此做」……等言詞的背後，不只是揭露著「你這方面不行」的訊息，更透露出「我這方面也不行」的心態，所以才會採取「用指責取代引導」的方式。

若是自己能於責備他人之前，便察覺到內心真正的用意，那麼，我們就能以寬容的心看待他人，避免自己的言行造成他人的二次傷害，自己也可以得到一次學習如何啟發、影響他人的機會。

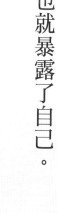

換位思考，讀懂失誤的根源

當我們不自覺以責備的方式對待他人時，往往會忘了先考量，對方失誤的心理、原因，而自己用責難的方式，對於解決事態是否有真正幫助。

不過，大部分的情況下，自己即使求全責備，大多是因為愛之深、責之切，因此對別人的失誤感到不悅，只是不知道該以何種態度、方式正確引導；另一方面，也對自己未能提出能讓對方理解的解決方針而懊惱。

這時，為了讓自己回歸比較平和的情緒且能正視問題，你可以試著將對方假想成：「如果他是我的情人、親友、孩子，我會如何加以引導？」

面對自己「重要的人」，一般情況下，我們會先試著去釐清對方之所以犯錯的緣由：是因為不懂？是因為疏忽？還是有什麼原因讓其一犯再犯？找到問題的根源，才知道該如何針對對方的性格、行為，提出較可能適合的解決方案。

不過，這並非意謂著犯錯者的問題就能丟給監督者，而是提醒自己：發脾氣

Check!

我對他人的指責是否有更好的替代方案？

並不能解決問題，只會讓對方因害怕、逃避，失去原本想投入卻不得其門而入的心。你必須明確對犯錯者說出失誤後的影響與後果（但避免加入過度情緒性的恫嚇），除了對自己、公司的損失之外，還要說明對其個人專業折損的部分；明白了得失，對方會想：「我知道這樣不好，可是，我不知道該怎麼做？你能幫助我嗎？」此時的引導性建言，就能發揮出關鍵性的作用。

雖然人與人之間於生命之海中皆如過客，但如果我們能盡量做到，面對每個人，就如面對自己一般坦然、真摯，當你的行為、心理皆能達到言行一致，就可減少對人事之分別心衍生的煩惱。

此外，居於能夠指引他人位階之人往往也是較有經驗者，如果面對他人的犯錯，常常怒不可遏，只會讓下屬更畏懼提問。因為在心靈海棉吸收情緒之後，更難有吸收經驗、資訊的餘裕，甚至造成部門內遲遲難降的流動率。

久而久之，也會讓更高階的管理者質疑你：究竟是新進者不適用，抑或該位階的主管缺乏引導、啟發的示範作用。如同：當我們在鄰近的超市裡，三番兩次看到同一個對父母哭鬧耍賴的孩子，我們並不會認為是孩子性格、能力上的問題，多是覺得父母施教的方式是否有待加強。

所以，在責備他人之前，若能端正「引導」的心態與措詞，就可除去「可能會引發彼此厭煩情緒」的行為，再用寬容的心態鼓勵對方：「一時失敗了沒有關係，只要有心學、認真做，我希望能成為你成功的見證。」採用「先讓對方看到希望」的作法，才能激發對方真心想改進、思成長的動力。

以正向鼓勵取代求全責備

親子教養專家盧蘇偉小時候因感染了日本腦炎，致使他腦中的記憶功能受損，一直到小學五年級才學會認字，國中只能唸特殊教育班。某次，有位學校老師因為覺得他理解太慢，竟不禁脫口而出罵他是豬。連當時到學校帶他回家的姐姐也一併被老師遷怒而罵哭，回家後盧蘇偉的姊姊就告訴爸爸事情的經過。

當時，盧爸爸笑著說：「如果弟弟是豬，那他就是全世界最聰明的豬。」

Check!

看到常常指責別人的人，我有什麼感覺？

姐姐又說：「爸爸，老師說得比這還嚴重，他說弟弟是腦震盪的豬。」

爸爸回答：「別人腦震盪是越震越糊塗，你弟弟是越震越聰明。」

另外，因為盧蘇偉每次考試都是零分，某次，他破天荒考了十分，他爸爸激動地衝出屋子大喊道：「快來看！」全村的人都以為發生了什麼大事紛紛圍觀，看到十分的考卷，有位鄰居對他父母說：「哪有你們這麼寵孩子的，你們沒有看過其他孩子真正的分數嗎？」

盧蘇偉的媽媽回答：「我們就是沒看過才高興嘛！」

就是因為父母鼓勵的態度和言語，讓盧蘇偉跨越一次又一次的障礙。現在，他是一位輔導專家，不但負責觀護百位問題青少年，也成為國內外知名的潛能專家，更是一位作家。盧蘇偉曾回憶道：「我父親已經過世多年了，一直到現在，只要我有一點點灰色的想法，有一點失敗的念頭，我父親的聲音就會浮現：『偉仔，你最聰明，越來越聰明，全世界你最聰明。』」

有時候，我們之所以譴責他人，是由於自己對他人的包容心和耐心的不足，於是將湧現的負面能量發洩到犯錯者身上，除此之外，你可以選擇能夠帶給他人正面力量的方法。看見對方好的一面，多試著以讚美、鼓勵的方式，以分享經驗、故事的心給予建言。最後你會因鼓勵了對方，也激勵了自己的心。

就如同學校的老師，都是透過逐步累積教學經驗，才能成為某個領域的名師；若我們想突破瓶頸，成為興趣領域的專家，或許學著和別人一同面臨課題、一同成長，假以時日，你不禁能贏得一群能情義相挺的盟友，更能讓自己站到「有能力解決問題」一方的能力天秤上。

Cheer up
加映場

作榜樣，就是領導。

——諾貝爾和平獎得主　史懷哲

人們時常為了了解自己究竟有多大的力量而攻擊他人，也會為了讓自己正當化而攻擊對方。

前幾天，我在逛書店的時候，正巧看到一位顧客在對服務台的員工大肆抱怨的畫面。約五分鐘後，眼見該顧客對店員的解釋與歉意並不滿意，就以更大的音量喊道：「如果你沒辦法處理，就叫你們店長出來！」

每每遇到類似的情境時，我都會思考，台灣現在已經走向以服務業為導向的國家，服務品質的軟實力也算國際知名，那麼，當我們一再要求消費對價品質的時候，顧客的「素質」是否也有同時提升呢？

以上的情境，我想如果將這些服務生換成顧客的孩子或親友，他決不會任意扯開嗓門就大聲斥責，那麼為什麼面對陌生的服務生，態度卻如此大相逕庭呢？

歌德曾說：「一個人的品格，從他如何對待那些對他毫無幫助的人，就可以看得出來。」

我認為顧客之所以如此反應，是因為感到「沒有受到預期對等的服務」，認為自己提出問題，卻未受到「預期的禮遇」，才會如此大發雷霆。因此想藉機「發威」，讓對方知道自己不容小覷，獲得「重視」。其實，如果不「發作」，若是禮貌地向服務人員詢問自己的需求，也能達到同樣的解決方案。因此，希望用威嚇達成「訴求」，似乎並非是唯一的途徑，這類人反而應檢視：為何別人能以和平的方式處理，而自己卻要透過張牙舞爪的姿態才認為能受人尊重？

在一般的人際交流中，我們也會遇到喜歡藉由他人弱點作為開玩笑題材的人。偶一為之，大家還能當成玩笑話，如果一個人的笑點總由此發想，反而會讓旁人感到此人似乎以取笑他者為樂，雖然是以無傷大雅的方式呈現，卻暴露出一個總是看到別人缺陷的人，映現出其內心的陰暗面也是千瘡百孔，才需藉由隱隱地打壓他人，突顯個人的水準在其之上。

Check!

在什麼情境下，我會不禁攻擊對方？

假使一個人的內心一直處於備戰狀態，當自我不斷釋放出強大的防備與攻擊能量的同時，內心也會一再地虛耗，因此更需要加倍形塑外在牢不可破的保護膜。像這樣惡性的循環，並無法為人生增值。不過，只要了解自己或他人為何慣用攻擊的心態，才能於無法深入交往的人際僵局中，尋得解決的一絲希望。

以權勢壓人，不如以德服人

大業七年，隋煬帝花了整整一年的時間召集兵馬，儲備軍糧。隔年，集結的全軍人數已達到近二百萬人馬，而後方的補給人員更是前方的一倍多，全軍只待隋煬帝軍令一下，便向高麗發動攻擊。不過，即使出動如此聲勢浩盪的軍隊，隋軍最後卻吃了敗仗。

大業九年，隋煬帝又召集現役軍隊，還另召募民兵，即使此時民間已盜賊橫行、民不聊生，隋煬帝仍不死心地再度遠征高麗。直到後方的禮部尚書起兵造反，並叛逃至高麗時，因擔憂軍情洩漏才知難而退。

沒想到，到了大業十年，隋煬帝又重新召集朝中大臣，開會商量三征高麗之事。這時，眾臣雖知勝利之神並不站在隋國這一方，但為了怕被殺頭，沒人敢發表意見。於是，隋煬帝下詔三征命令。此時，由於之前二次東征雖然沒有成功，卻已讓高麗倍感壓力。該年七月，高麗便派使者跟隋朝議和，還將判逃的兵部侍郎押還隋朝，讓隋煬帝十分欣喜，並於八月份班師回朝。

其實，隋煬帝之所以一直對高麗大動干戈、勞民傷財，是為了迫使高麗王高元屈身晉見，向他行微臣跪拜之禮。不過，高元最後並未乘隋煬帝的心；可是，隋國早已為此損傷共三十萬名大將、一百多萬民兵，導致元氣大傷，並於該年引發大規模的民變起義，沒隔幾年後，隋煬帝就在江都被部下縊殺。

不論用武力或任何脅迫式的手段，試圖讓對方屈服，或許在實力、位階懸殊的情況下，對方會識時務地選擇暫時性的服從。不過，如果自己不是用真正的能力、內心的影響力去讓對方信服，待風水輪流轉之後，過去施予他人的傷害與屈辱將會以別種形式再反撲到自己身上。

Check!

當我反擊之後，事態是否有獲得紓解？

讓自己被一時的高漲情緒所操控，往往會造成損人傷己的局面，與其希望自己成為一個以權勢服人者（例如：德國的希特勒），不如期許自己成為一個以德服人者（例如：國父孫中山），就能從此擺脫因個人擔憂聲勢漲跌，為心靈帶來的桎梏。

無法讓他人認同的部分，就是你成長的空間

有時候，我們在和他人的交談、爭論的過程中，如感到情勢不利於己、無法說服他人，又礙於拉不下臉，為了將情勢導向有利於自己的一方，於是會藉由提高說話的音量、增加手勢、動作顯得粗暴……等方式模糊掉原本的爭議點，以聲勢壓制對方，希望藉由恫嚇他者以增強自己的正當性。

其實這種心理普遍存在於人性中，只是顯露的程度深淺而已。FBI經過調查研究後發現，許多過失犯罪的人被逮捕時的第一反應，並不是認罪，而是去尋找他人的過錯。他們總是會說：「我不是故意的，是他先逼我的！」、「不關我

的事，是別人指使的。」他們通常將過錯推諉給別人，想要讓自己置身於事外。

FBI稱這種心理機制為「自我防衛機制」，是指人們潛意識中總是試圖忘記不愉快的事情。如果做錯了事，一定會馬上找藉口替自己開脫，把自己的缺點和失敗的主觀原因藉此推脫，或者轉嫁到別人身上，以為只要錯誤是別人犯的，不關自己的事，就可以讓自己不受到任何傷害，以此來維護自己的自尊心，不讓自己難堪。

歸根究柢，找藉口這種行為的目的，就是要把自己造成失敗的缺陷正當化，也就是不肯向別人承認自己的能力不足，或者自己的用心不夠。儘管這種心理人人都會有，但是，如果真的出現這種行為的時候，很容易因為沒有擔當而引起別人反感的。如同有些人不論換什麼工作，都是滿嘴牢騷，充滿對公司和上司的不滿。當自己無法順利獲得加薪或升遷時，他們不會從自己的身上尋找原因，而是認為公司沒有提供足夠的資源，或是部門的主管對自己的評價不夠客觀。

相反地，在個人處於相對弱勢的情況時，如果能夠學會「意識到」自己已啟動防衛的本能，就不會認為推卸責任、遷怒別人的方式是當下的正解，而能藉此知悉自己的不足，更勇於承擔、勇於吸收所知。

當一個人不斷內化實力，自然不必尋求其他外在的包裝來保護自己，而能用更寬厚的胸襟待人處事，因為這時你已翻越推砌自尊的高牆，你與他人之間的隔閡，也會自然消弭。而一個人際關係暢通的人，就算遇到任何險阻，身邊的應援團往往就能成為助自己一臂之力的貴人團。

Cheer up 加映場

如果你對身邊的任何事物感到不舒服，那是你的感受所造成的，並非事物本身如此。藉著感受的調整，可讓自己在任何時刻都能振奮起來。

——國際培訓大師　安東尼・羅賓

成功者事實上也會有缺點，只是會將缺點偽裝成長處。

成功人士的光環，很容易讓人「以偏蓋全地」看待他們，認為他們聰明過人、樣樣精通。然而，《成功長青》的作者之一薄樂斯在分析超過兩百名、持續獲得二十年成就的實踐者後發現：成功者從來就不是十項全能，不少人甚至有著難以克服的弱點。不過，他們並不會為了彌補自己的弱項，而耗費心神於追求各種「療法」；相反地，他們選擇接納缺點，然後聚焦於自己最擅長的項目，全心全力打造屬於自己獨一無二的人生。

薄樂斯更強調：「缺點不是悲劇的起因，不願面對缺點，才是失敗主因。」

因此，在世俗推崇各領域的大師崇拜之時，欣賞其長處，固然對自己有幾分

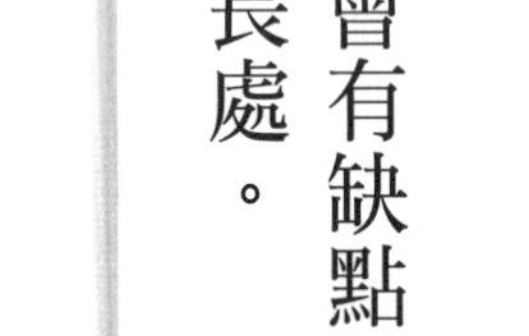

Check!

我的缺點，曾引發哪些人生事故？

激勵的裨益；如能學會大師們如何看待、面對「性格缺陷」的態度與方式，對於現實的人生或許更有實質的轉化。

不願坦然面對缺點，才是失敗主因

許多人在面對自己的缺點時，容易將它看作「陰影」，出現於人前之時，就想把它隱藏身後；有些人甚或會過於縱容，任由它對人生產生極大的扭曲力量，這些都是面對缺點時，過猶不及的心態所致。

其實優點與缺點猶如一個人的兩種層面，一個單純善良的人，就可能會有對人、對事思考不周之處；一個習慣獨來獨往、不擅與人交涉的藝術家，反而能夠將花費於社交的精力，用於創作的能量。

從另一個角度來看：當一個人過度強化他的優點時，可能就會變成他的缺點。例如：自信當然是一項優點，但自信過了頭，就會顯得傲慢；同樣地，當一個人謙虛過了頭，往往也會令人懷疑他是否能力不足，以致缺乏自信。

關鍵是，如果你一味地擔憂缺陷被別人看見，因此選擇低調或較不容易出錯的待人處事，相對地，你也會因防護的心態，而讓他人看不見你的能力。不如真實地尊重和接納自己與他人的差異性，而非一直進行好壞優劣的價值判斷。

在達成目標的路上，你的課題是在施展特長，同時如何避免讓缺陷拖慢你的進程，如果感到這項課題很難跨越，不妨多花一些時間探詢自我：「為什麼我會有這樣的想法？做出這樣的行為？」藉此，你能從中看見未曾發現的自己，或許在所謂的缺陷背後，正展露出潛能之光。

缺點可以是「凶器」，也可以是「利器」

國內表演團體優人神鼓的團員阿甘（本名：甘柏駒），國中時曾是拳擊冠軍，後來因和朋友的糾紛結夥打架，並痛毆陪同談判的人，法院最後依殺人未遂罪刑，判除阿甘五年多的徒刑。事發入監後，他不斷為此內疚及懺悔，希望能和被害人家屬達成和解。

Check!

我的缺點，是否有反向操作成優點之處？

二〇〇九年，當文建會推動「媒合演藝團隊進駐演藝場所」計劃，找來藝術團體優人神鼓到彰化監獄教受刑人擊鼓，成立「鼓舞打擊樂團」，這樣的機緣之下，讓阿甘成為鼓藝傳承培訓計畫的一員。

剛開始學習的過程中，阿甘發現，儘管用了全身的力氣去擊鼓，鼓聲的音質仍和老師相差甚遠。不服輸的個性讓他偷偷地在半夜拿板凳包報紙，不斷地練習。並漸漸懂得如何收斂心神，靜心專注。服刑期滿後，阿甘正式加入優人神鼓，開始他嶄新的人生旅程。更於二〇一三年獲得中華民國觀護協會的「旭青獎」。

在阿甘莽撞衝動的個性下，不服輸成為一種人生的「兇器」，引導他朝向偏差的方向，讓他承擔受刑的苦處；但是，在參與鼓藝傳承培訓計劃後，不服輸就成為他最強大的利器。這樣的性格讓他不間斷地練習，鍛鍊出堅強的自我意志和自信心。他把好勝的精力，放在追求鼓藝的精進上，最後，藉由導正自身缺點的能量，讓其從社會邊緣人蛻變成表演藝術家，重獲新生。

如果事事都要求盡善盡美，將自己磨得太圓滑，反而失去了自我的風格、特質，不如學著與自己不願接受的那些「不完美」相處。如果人生的前二十年，是優點幫助你爬到了現在的位置，那麼或許往後的二十年，你可以試著低下頭，「向缺點學習」，看看自己可以從中悟到什麼。因為曾經的阻礙，大多來自於原本存在你心中的陰影坑洞裡。當你更了解自己，反而能由內而外散發出前所未有的獨特之光。

Cheer up 加映場

任何改變，即便是通往更好的改變，總是伴隨著短處及不舒適。

——英國小說家 阿諾德·本內特

Chapter 3

你與什麼樣的人往來，
就預示著什麼樣的未來。

要結交能理解自己的同類人。

生命中的各種時刻，我們都需要能夠理解自己的人，陪自己共同歡笑，或是在需要的時候，給我們一個意會的眼神，或是拍拍我們的肩膀。這類情感就像是無形中給我們心靈力量的援手；當你遇到逆境，感到困惑、孤單、無助之際，這雙手，會將一直往黑暗下墜的自己拉起，撫慰我們的內心。

當這類友人給予我們建言時，也會盡量從理解自己的角度出發，並發自內心地兼顧到你的現實和心理狀況，而不是令你感受到另一種壓迫。

無論是從學生時代的同儕關係，在愛情、家庭或工作領域，我們都會不自覺地尋求能滿足這個基本心理需求的人，例如：朋友、伴侶、工作伙伴……等。

如果在人生中失去這股力量，遇到人生的黑暗時刻，心性就容易往更極端處轉變，而影響了人生的走向。因此，在生命的各個領域中，能否找到一個真正懂你的人或一群情義相挺的後援隊，對你的人生有著決定性的轉折。不過，要找到對的人之前，你必須先知悉自己是哪一種人。

了解自己，才能遇到了解自己的人

流通業教父徐重仁曾說：「創業的夢幻團隊，必須找志同道合的朋友一起組成。」而我們現階段的生命狀態，就如同組建一家公司般，如果各層面都存在著能夠理解自己的同伴，現階段的人生就更接近幸福。

因此，在現實的情況下，我們要盡可能地接觸與自己本質相近的人，或是有著共同藍圖的夥伴，才能齊心協力地走向目標。

相反地，如果你覺得自己在感情世界中總是走得跌跌撞撞，活了二十、三十年，身邊的知交也寥寥可數，曾經相識的人多成為生命之流的過客，那麼或許並非代表你不夠努力投入或付出。問題出在於，你認為自己適合某種特質的朋友與情人，實際上，你真正需要的卻並非是帶有這個特質的人，因此總是讓自己身處於長得沒有盡頭的磨合期，最後磨掉了彼此的耐性，從「理解」到「不解」，因此關係也宣告終結。

那我們該如何更準確地判斷：這個人是否能成為我的人生閣員呢？

首先，最好從自己的興趣開始去思考：這個人是否和我擁有類似的興趣？例如：喜歡看電影、或是旅遊、運動、攝影……等；當彼此認識的時間久了，就要進一步考慮：我是否欣賞這個人的人格特質；或他身上是否存在著我難以認同之處？相處時，彼此的關係是自然又放鬆，還是緊張而想逃脫？最後，如果要判斷此人是否能入閣成為你的人生摯友，要再思量：認識以來，我們是否一直都是本著真心、坦誠以對？當你遇到危機時，這個人是否具備撫慰你內心，甚至能提供有力建言或確實協助的特質？

除了緣分與直覺之外，以上的重重關卡，看似是替自己過濾合適你的同伴，

Check!

現在是否有幾位相當了解我的朋友？

實則是透過了解自己的喜好與性情，及回歸自我的真實感受，去找到真正符合你人生需求的人。

在人我關係上，如果你能夠將自己看得越清晰，知道自己的無助之處和生命的重心，才能更持平地去找到適合自己的同伴與團隊。重要的是，對他而言，你也是處於同等的地位，彼此的情誼就能可長可久，彼此的特質對各自的人生目標也能相輔相成。

為什麼找不到理解我的人？

在群體生活中，即使每天都必須面對大量的熟面孔，但在某些領域、某些時刻或許仍會心生此念：

「為什麼我找不到可以理解我、真正全心接納我的人？」

「為什麼別人容易因誤解而不信任我，或是中傷我？」

「為什麼沒人賞識我？」

以上問題都牽涉到兩個層面：第一個層面是你是否有敞開心胸接納他人？第二個層面是你是否被自己的預設想法設限？

每個人的心都是一個家，家門就如同內心的門鎖。當你與他人交流時，是否有打開家門，歡迎別人進入自己的內心，並真誠以待呢？還是你看似開放，實則暗門重重，總是對他人接近你的意圖心存質疑？

就如同你能清楚地感受到別人對你是真誠或演戲，對方也能透過互動很清楚你內心真正的想法，與其如此費心思量，不如真正地說出你的感受。如果舉止自然不經掩飾，適合你的人自然會親近，不適合你的人自然會遠離。

另外，每個人都是獨立的個體，無論彼此多親密，即使擁有許多共通的經歷，但彼此的觀念、作風還是存在著一定的差異。不過，爭吵與嫌隙往往也因無法意識到這個差異而起。於是，類似「你應該了解我……」、「你不是早就知道……」、「我以為你會……」等諸多的預設想法就會跑出來，導致關係緊張、造成壓力。

Check!

當我需要時，是否有
願意伸出援手的朋友？

假如，自我能先解除對他人預設的種種想法、反應，在不傷及對方的情況下，而以「如何傳達、溝通，對方才能理解我的感受」作為互動的前提，如此，正向的雙向交流才能不斷延續。

很多時候，即使內心清楚結交的朋友並非全能理解自己，為了不讓自己寂寞或落單，我們依然會傾注許多心力和時間維繫這段關係。不過，長久下來，缺乏情感面的真心支援，也易流於表面上的往來，這樣的關係反而令自我疲憊不堪，也成為心理的沉重負擔。

遇此境況，你可以去思考：「為什麼我離不開這樣的關係？」「失去他（或他們），我會很失落嗎？」

當你能夠往這方面探索內心的感受時，就能找到問題的根源。

如果你只是基於某些工作場合、社交禮儀不得不與他們建立關係，於個人的私領域，你也可逐漸減少和此人或此群體的交流，好讓自己人生的重心，能夠擺在對自己真正重要的人身上。

每個人都希望能和投己所好的人交流，這樣的關係既非一朝一夕，亦非強求即有所得。關鍵是，即使沒有他人的理解，你必須先成為那位願意理解自己、理解他人的人。當緣分來的時候，才會珍惜這段彌足珍貴的真情，也為自己未來的人生，找到了一起攜手向前的同伴（或團隊），就算遭遇一時的黑暗，也因周遭盞盞燈光的無私照亮，幫助自己重燃信心。

Cheer up 加映場

交到朋友的唯一方法，是自己先做為一個朋友。

——美國詩人 拉爾夫·愛默生

別老想著他人如何如何，盡可能少做類似的想像。

當人與人之間不熟悉或心生距離時，便會產生一個「想像空間」，此時的你可能會藉由他人的言行舉止或一個閃躲、蔑視的眼神，而引起自己的揣想，並以此作為評價他人的依據。有時，人與人間的誤解就是由這樣片面的解讀所造成。

倘若你不用臆測的方式，而是敞開心胸，真正地與此人交往，更進一步了解他是否如你所想，等你了解實情後，誤解的空間就會逐漸消失。

就算你的感覺非常敏銳，對方真是如你想像的那種人，或具有那樣的意圖，知悉後更可了然於胸，反正你行得正、坐得端，根本不必對他心存惴慄或防備；若對方不是那樣的人，也沒有那樣的想法，原先諸多的疑慮不過是徒增煩心。

與其把人生的時間都花在擔心「別人會怎麼看我？」不如多花點時間在執行「該如何讓自己變得更強？」的方案上，因為一個擁有強健心智、願意努力成長的人，不論他人給予什麼樣的評價，都只會成為他激勵向上的動力。

真誠的請益，能建立與他人的信任基礎

對他人的想像，就如同疑人偷斧，對方的一言一行，其實大多是我們內在設想的投射，也顯示著我們對此人的信任感相對不足。當本身難以跟他人產生信任的連結時，內在的不安會激增，而引發自己負面的想法。

例如：當你覺得自己在公司尚未建立一定的功績，本身就充滿對於自我表現的焦慮，如果這時看到直屬的主管在老闆的辦公室裡低聲回報，期間又不經意地瞥了自己一眼，你就可能就會陷入「他是不是在向老闆回報有關我的事」類似的恐慌。本來以為觀察敏銳可以就此彌補自己對資訊不足的擔憂，實際上，當你過度在意他人的看法，或是把時間花在了解「他人如何如何……」的八卦上，再多

的資訊反而只會讓你更瞻前顧後、不知所措。

其實，我們可以利用解讀他人的能力，反過來觀察他人的長處，真誠地跟對方請益、學習，逐漸增進彼此的互動機會，將想像化為實際。當你於過程中建立對他人的信任感時，對方也會因而建立起對你的信任。

因評論而排斥他人，傷害的是自己

老是想著他人的人，還會有一種普遍的毛病——隨意評論他人，甚至為此對這個人、或影響其他人也對這個人產生排斥心理。若是因為自己與他人觀點或行事作風的相斥，而排斥對方，最後受到傷害的人往往會是自己。

美國羅徹斯特大學臨床和社會心理學系研究人員曾招募了一百五十二名大學生，一起參與名為「在線球」的電腦遊戲。

遊戲開始時，實驗對象必須先將球扔給另外兩個「動畫玩家」。這時，參與遊戲的實驗者會以為螢幕上的兩名對手是其他的受試著（因為動畫非常擬真），

Check!

我是否很在意他人一句無心的評論？

實際上那兩個「玩家」是由電腦虛擬而成。這個遊戲還設定了兩種特別的情境：一種是當受試者將球丟給虛擬玩家A時，接下來，虛擬玩家A和虛擬玩家B會持續互動丟球，讓真人參與者遭到孤立；另一種情境是，受試者只和虛擬玩家B互動丟球，刻意忽略虛擬玩家B。

實驗結果顯示，即使是與看不見的陌生人玩電腦遊戲，遭孤立或孤立他人也會令人不好受，導致情緒低落。研究人員理查德．瑞安更說：「雖然不會留下看得見的傷口，但排斥的感受會激發與肉體疼痛一樣的神經通路，令人難受。」

研究也指出，當人們迫於壓力排斥他人時，自己也會付出代價。他們的痛苦不同於遭排斥者，但程度不比對方輕。大多數人在照別人要求排斥某個人時，會感到羞愧內疚，自主性受挫。因為排斥行為會讓人們覺得與其他人的聯繫有所減少，而人本質上就是社會的動物，會避免傷害別人，除非自己受到威脅。

回歸到我們身上，若我們排斥他人，就意味著，我們不喜歡對方。

問題是，當我們不喜歡一個人的時候，這個「不喜歡」的負能量是在哪裡？

在我們這裡，還是在他人那裡？答案顯而易見。這一切都是。那麼，想想看，我們內心存在這個「不喜歡」的負能量，最受害的人是誰？

所以，為了我們的身心健康，我們要透過修習接納的智慧，如此，我們的內心也會因為打開心胸接納他人，而充滿更多的正能量，因此能消除原本累積於心中的負能量，原來，接納他人，就是讓自己保持自然微笑的原動力。

Cheer up 加映場

使一個人值得信任的唯一方法，就是信任他。

——美國第三任總統 湯瑪斯．傑佛遜

工作不盡全力，只是為了錢而勉強工作的人，就會對競爭對手產生毫無根據的怨恨與憎惡。

很多的現實狀況，致使你不得不為了賺得生活所需，讓自己勉強待在不喜歡的工作環境下。時日一久，時間和壓力會消磨耐性，對於工作會日漸疲乏，自己也容易變得渾渾噩噩，對於這份工作，心理會開始產生一連串的負面反應，例如：焦躁不安、失落感、憤怒、恐懼、怨懟……等，而你也會不自覺將這些長期累積的負面毒素，強加於生活中比你弱勢的人，或是工作崗位中比你低階，或是站在對立面的競爭者身上。

假若能夠試著跳脫自己心中的認定——工作就是為了賺錢，那麼對於自己未來長達數十年的職涯或人生，其實還存在著極大的轉機。

Check!

這份工作現階段對我有何種無形的意義？

找出工作意義，設定與人生連結的短程目標

當我們只是為了金錢而進入職場時，工作對自己而言就只是一種工具，你與工作之間就會建立在「利用」、「買賣」的關係上，就如同被富豪包養的情婦一般。在這樣的前提下，你很難能從工作中，感受到真實的快樂。

不過，於人生旅途上，不見得沿途看到的風景都是自己喜愛的，不見得暫待的驛站都是自己所滿意的。但是，我們可以學習在原本感覺不太喜愛、不太滿意的事物中，找出自己相較下較喜愛、還滿意的一些價值，哪怕只有一點也行。

你可以思考：這份工作帶給我什麼樣的意義？

如果你身為大飯店廚師的助手，那麼可以調整心態：我可以把食材洗得像給家人吃一般乾淨。讓師傅把全副心思都用在如何做好料理，而在飯店用餐的賓客，也會因精緻又衛生的美食，而感到安心，無形中替飯店把關用餐的服務品質。

如果你是身為便利商店大夜班的值班人員，可以如此思考：在大夜的時段，是客人最少的時候，也是公司大量進貨的時候，你可以藉此時段將各項商品的銷售情況掌握得更精準，並以銷量再去調整商品最好、最便利選購的陳列位置。小小的動作，其實就是讓一家小店提升業績的關鍵，有些便利商店，甚至特定讓未來要培養的儲備幹部，優先安排在大夜班，才能讓他們在餘裕的時段，快速掌握在便利商店工作的流程細項。

不論是哪種工作，一定有其對現階段人生的意義。細心找尋，你會在原本荒蕪的職場原野，看見因意義而生的新芽。

或者，你也可以思考：「在這裡工作，我可以發揮或培養哪些能力？」

俗話說：「機會是給準備好的人。」有時候，你始終無法獲得到理想環境工作的機會，是因為你的能力或其他特質還未準備好，那麼現在的工作就是你最好的充電時間。並設定現在工作和對理想人生層面有助益的短期、明確目標。

如果你是保養品、化妝品專櫃的銷售人員，但被每天較長的工作時數綁住了

Check!

我的興趣中，是否有
發展成專長的潛能？

時間，你可以於工作空檔深入了解公司產品的特色，例如：有海洋深層水或有蝦紅素的保養品，於肌膚的益處為何？了解每種成分對肌膚的功效，才能用更專業的方式向顧客解說，更能得到他人的信服，提升專櫃的業績；你也可以認真參與公司舉辦的彩妝課程，將學到的技巧應用在來試妝的顧客身上，逐步累積實務經驗，或許你會發現自己有成為彩妝師的潛力。

即使你從事的還是同一份工作，卻因找到了意義與目標，而替自己灌入工作的熱誠，原本的失落感也將被成就感所取代。

在工作之外，培養興趣為第二專長

一名工程師在進入忙碌又常加班的科技業後，一直難忘自己在運動時的舒壓暢快。因此他經常利用休假時間，去上溯溪的專業課程，包括體適能重量訓練、山難救助訓練、溯溪指導員訓練、繩索和激流救援訓練……等，並一再設定目標，接連考取多張證照。

幾年後，待工程師覺得自己已具有足夠的專業知識，就開始購置裝備，成立戶外運動公司，並邀二、三十位同好擔任教練團，自己也時常在假日帶客人在南北各地的溪谷地帶溯溪。

工程師從不以「我好累」或「時間不多」為藉口，充分利用了工作之外的時間，並將他感興趣的事物變成一門專業，開啟人生的另一片生機。

在生活和工作皆和金錢牽絆至深的情況下，我們需先拿回自己可以掌握的權力——就是將生活和工作分開，再消除原本工作只是為了現實生活的想法，轉為「我是為了我所喜愛的事物而努力」。

當工作不再只是為了錢，因為你還有其他同時在經營的人生目標時，無論興趣或其他培養的專長，也會成為一種競爭力。而收入對你人生將成為一種輔助，而不是羈絆。

除此之外，更要牢牢謹記，千萬不要讓自己和那些慣於在工作上耍小聰明、混水摸魚過日子、或是完全以利益導向的同事或朋友走太近。因為群性會讓你好不容易奮進的上進心，又被他人的三言兩語和得過且過的態度所影響，你應該勇於結交那些在工作上力求突破的前輩，讓其傳授實務經驗和專業。

一旦你在工作上有了全新的意義和目標，那些自己過往覺得喜歡閒言閒語的小人看起來似乎不那麼可怕了，反而有些可憐；那些和你站在對立面的競爭者，看起來似乎也沒那麼可恨了，反而有機會成為你可敬的對手。人生就在此工作信念的層次翻轉下，帶你走出灰暗深谷，朝著下一座人生高峰邁進。

Cheer up 加映場

一路走來，我都答應得比對方預期的少，然後呈交得比對方預期的多。長時間下來，這是唯一保住工作的方法。

——星巴克創辦人 霍華·蕭茲

滔滔不絕地談論自己的人，定是對自己的本性、真心與真實身份有所隱瞞。

我們會發現，不論聊到什麼話題，有些人總是能夠輕易將話題轉到自己身上。自然的切換，會讓他人覺得是在彼此分享；但如果一群人在談話時，不管誰說完，就馬上搶著接續話題、將話鋒轉到自己身上的人，有時候會給別人一種愛搶話的感覺。

其實當別人說話的時候，這類人並沒有認真傾聽，而是想著自己在這方面的想法是什麼，因此當別人談到一個段落，他並沒有注意到別人傳遞出的需求訊息，反而希望眾人關注他的想法。不過，這類人的言論內容真的代表著其真實的性格或情況嗎？其實未必，或許他只是為了想發表而發表而已。

Check!

我是屬於說得多、還是做得多的人？

用做事取代動口，用實力競爭取代口舌之爭

現任TVBS「新聞夜總會」的節目製作人蔡祐吉，曾是個跑政治圈的記者，也曾擔任過新聞主播，身於永遠不嫌話多的媒體圈，他對談話的心理如此解讀：「話多是自戀也是自卑。藉由說話來表現自己的人，個性通常很兩極，不是極其自傲的人，就是過度自卑。

自傲的人不把別人放在眼裡，藉以顯現自己的不同；自卑的人需要藉由講話來填補信心、自我安慰。這是最常見的兩種對比。另外就是不甘寂寞，有他在的場子，必須不斷講話炒熱氣氛；還有一種類型是『我說故我在』，希望引起別人對他的注意。」

所以，習慣在人前滔滔不絕的人，透露著較以自我為中心的性格，對於他人缺乏傾聽的能力。在言談間，這類人會有一種「占地盤」的觀念，認為爭奪發言權就是一種「權力」的角逐戰。只要自己搶到話語權，在這個場合中，自己便能

占有優勢。

李太太平時就喜歡滔滔不絕地發表意見，後來因為其他查不出的生理不適到身心科看診時，才知道像機關槍一樣「愛說話」的本能，緣於她心裡的焦慮。醫師向她說明：在「不吐不快」行為的背後，有許多深層的心理因素，但本質上都是過於以自我為中心。這類人的內心可能缺乏自信，存在「社交恐懼」，因此需要通過「焦慮性多語」來進行掩飾。

當你身邊出現此類人時，首先要尊重和理解彼此溝通方式的差異性，試著先聽完他們的觀點。在得到對方的信任後，用平和的方式與對方交流，私下向他指出問題所在，讓他注意到自身行為的失禮之處，並教他怎麼措辭恰當、把握接話時機等人際交往技巧。

如果你覺得自己可能也有這類毛病，可以觀察自己，在與他人不斷談天時，言談所及的內容是哪些？當你發現，自己的話題都是繞著自身在打轉時，就要注意兩個面向：你是否擔心在這個朋友圈中會失去存在感，或是暗自希望成為領導者，因此想藉著談論自己，讓別人看見你的價值？

若知悉自己有這種心理，下次在談話前，因為有所警覺，就能多提醒自己，要注意這方面的禮節，就不會造成人際關係的障礙；此外，若有此擔憂，你可以藉由「做」取代「說」，平時盡量對朋友多付出、多關懷（但要注意不得干涉，否則又會過度突顯自我，讓人感覺不快），或在相關領域確實提升自己的實力。如此，你就能拿掉「說的總比做得多」的誇大形象，成為一個「言行一致」的人，因為心裡踏實了，面對眾人時，更能怡然自得。

還有一種心理因素，是有些人不想讓別人知道他真實的想法，於是透過其他花俏的話語掩飾、轉移他人的注意力。

有的人為了讓別人覺得他很厲害，所以即使只有學三分，也講得有如深入研究十年一般。不過，這種技巧偶一為之，會讓人覺得他學識廣博，相處時間一久，也會被人識破他不過是在「操弄口舌」。

上述這種人的心態就比較屬於「心理自卑」的層面。因為心虛，所以要用浮誇的話術來彌補其專業能力。這之中的危險在於，自己原本以為只是誇大言辭，卻可能因屢次被他人發現自己做不到，久而久之就被別人認為是「存心說謊」，當他的話術被識破後，在朋友面前好不容易建立的形象也將毀於一夕之間。

因此，做人做事，還是最好說到做到、事實有幾分就說幾分話。最好讓自己多親近這類的朋友，如此一來，誰也不必防著誰，彼此真心以對，情誼才能可長可久，而非建立在一時的利益勾結。

跟沉默是金、低調做事的人學習

在群體中，存在著喜歡高談闊論的人，也存在相對較低調、沉默是金的人。這類人因為言行慎重，因而能展現出相對沉穩內斂的姿態，而提高眾人對他的信任度。

此外，因為慣於保持沉默，這樣的人也更懂得傾聽別人。當我們懂得傾聽他人時，無形中也是在訓練自己的觀察力。當你的注意力轉移到他人身上後，就能擺脫自己對弱點和不安的關注，因此，更能聽見他人的真心誠意、真實需求，而能順利地掌握和他人交流的節奏。

因為媒體的發達，各台名嘴當道，讓我們偶爾也不自覺沾染上好發己論的習氣，其實，與其把時間花在談論自己、評論他人，不如把聊八卦的時間拿來投入工作、興趣。當別人在閒聊之餘，你卻埋首於成長之中，時日累積後，就會展現出倍增的實力，這時的你，即使不言說，也很有魅力！

Cheer up 加映場

被人揭下面具是一種失敗，自己揭下面具卻是一種勝利。

——法國作家維克多．馬里．雨果

最好不要與不願看他人長處的人扯上關係，否則你便會立刻成為他那樣低級的人。

由於教育文化的關係，讓我們自幼就習慣用分數高低來判斷自己的能力，於成長過程中，也逐漸學會用某一些世俗標準評斷旁人的習慣。再透過媒體的推波助瀾，讓我們更習慣用有色眼光（某些特定觀點或立場）去看人、看事，因此逐漸形成一套內心評斷的價值體系。

如果我們能夠做到嚴以律己、寬以待人，那麼當我們行為、思想產生偏差時，這套價值體系就能發揮導正的作用；若是寬以待己、嚴以待人，常用自己的價值觀輕易論斷他人，要小心讓自己淪為苛刻、挑剔的人，不僅不利人際關係的發展，一旦自己屈居弱勢時，因為平常就得理不饒人，那麼別人也會選擇對你冷眼旁觀，甚至冷語奚落。

所以，不僅我們要防範自己成為帶著「批判他人眼光和嘴臉」的人，在擇友方面，最好也不要太常和習慣批鬥他人是非的人太接近，因為這樣自己也會流於用有色眼光看人的弊病。一旦對人心存嫌隙，對方也會感受得到，長此以往之下，就會將自己困在同流合汙、說三道四的小圈圈中，失去自我提升的動力，成長之所以停滯，有時候就是因為自己被一些看似無傷大雅的生活陋習牽著走。

用有缺角的視野看世界，才會引發消極人生反應

以前筆者有一個喜歡「刺別人痛處」為樂的同事，當大家湊在一起閒話家常時，她常常說出令人臉上出現三條線的話，例如：

「你的肉都快擠出來了，怎麼敢穿這樣？」

「櫃台的總機是不是頭腦不好，怎麼我說的話他都聽不懂？」

「有些人就是喜歡靠拍馬屁爬上天！」

當她語出驚人而引起別人的側目時，往往就會急著補充：「這本來就是事實啊！我是直腸子，不喜歡講話拐彎抹角，太做作了！」

一開始，我以為她一個律己甚嚴的人，對於工作應該更努力、力求突破，但據我觀察後發現，她好像把大部分工作的重心都放在指責別人的不是上頭，在工作上的表現反而平庸無奇。而且因為她太愛抱怨別人的不是，所以和她合作過的人也都怨聲載道。

也就是說，批評本身並沒有成為讓她人生進步的動力，反而讓她以為，能看到別人不足之處，可以表示自己看人、看事的眼光更高人一等。殊不知當她以「找碴」的角度來看世界，因為缺乏尊重與同理心，以及確實協助他人解決問題的能力，當她心胸容不下他人的同時，別人、外界也會相應排斥她的參與。

有些人總是用「有缺角的眼光」看世界，所以常覺得容易遇見與自己磁場不合的人、環境，為此更加抑鬱，並將自己有能力改善的問題丟給他人、命運。原本看似犀利的言論功力，其實只是替自己引發人生一連串的消極反應。身為這樣

Check!

聽到別人批評他者，
你有何種反應？

的人很難發自內心地感到快樂；身為他的朋友，也會因為自己總是接收到負面能量的訊息而被感染，或是無法因為這樣的氛圍，真心的開心。

如果可以多和「總是看見別人美好一面」的人多加親近，你也會變成一個總是可以「挖掘他人長處」的人，因此更能從彼此的優勢中激盪出耀眼的火花。因為當你覺得遇見的人、各種環境，都能從中學到新的課題、有新的領悟，那麼不論實際上的運途順遂與否，都能走在成長的路上，並持續吸收更多正面的能量與讓自己受益匪淺的訊息。

別讓「拒絕看見」蒙蔽了單純的心

很久以前，摩伽陀國的國王養了一頭世間稀有的白象，為此國王特別請來專業的馴獸師細心照料。某次，在祭拜大典上，國王騎著這頭白象到民間巡視，當百姓們一看見稀有的白象，無不為其優雅的姿態讚嘆連連。這讓國王聽見了，心裡很不是滋味，心想：「大家竟然為了區區一頭象，而忽略我的風采。」

於是，國王就想讓白象在百姓面前出醜，故意下令要求馴獸師帶白象爬到全國最高的山頂上，獻藝給大臣和全國百姓看。

當馴獸師牽著白象爬到山巔的方寸之地，國王竟然又下令叫馴獸師讓白象單腳站立，沒想到白象竟然能辦到，在場人民無不歡聲雷動。這讓國王氣得咬牙切齒，所以他又命令馴獸師要白象不能用站的，必須憑自身的力量騰然飛起。

對於國王的無理要求，馴獸師貼近白象的耳朵說：「既然國王有心想置你於死，他就不再值得你為他服務。你是否能夠展現神力，飛往鄰國去。」結果，白象真的載著馴獸師飛向鄰國。

當鄰國國王看見飛天的白象，認為是神降下的祥瑞之兆，便希望他們留下長住，並封白象為象王，像敬拜天神一般，將其奉養在最尊貴的皇宮中。

當你看見他人的長處時，若產生比較之心，便會從欣賞變成嫉妒。衍生的妒嫉心，就如同一把利刃，不斷砍著你的自尊，這時，你才會透過貶抑的眼光去搜查他人身上的弱點，並有意無意地用言語去刺傷他人的痛處，不過，這種損人不利己的事情，最後只會將自己逼到無人真心相待、僅做到表面往來的無情之境。

每個人的成長歷程都不同，一直使用批判的方式面對人群，並不會顯得自己高人一等，反而讓人看出自身能力的匱乏，以及待人的苛刻。如果遇見比較苛刻的人，你無須因為他們缺陷的內心所構思出來的話語而受傷，因為只有懂得欣賞的人，才能看見每個人心中的實力。

Cheer up 加映場

要有美麗的雙眼，請尋索他人的優點。

——演員　奧黛莉·赫本

對自己的工作竭盡全力，並獲得足夠成果的人，會對同行和競爭對手寬容以待。

從日常生活中可觀察到，那些對於分內的工作或事務，若覺得沒有獲得相對回饋的人，也容易將心中的不滿與怨懟影響到工作或生活其他層面。

例如：即使資歷深厚，但工作上未得到老闆賞識的中階主管，或老闆較不重視的部門同仁，通常對於自己的下屬或同儕，更不願意彎下腰、和顏悅色以待，因為他心中緊握著那份唯一能慰藉自己的職等或權位。當他們看到相對受到老闆重視的對手（可能是同樣位階或是更低位階的主管），更容易將內心的不平衡表現在互動上。不過，這種不甚愉快的往來關係，最後只會危及自己的地位，因此他又會將應對工作投入的全副心力，都用在懊惱不平與人事鬥爭上。

Check!

你對於競爭對手，是否也能展現度量？

至於願意對工作用盡全力的人，其本身就擁有對於工作的一分責任感或榮譽感。他們願意付出心力也是由於看重與尊重自己的工作，並了解自己於工作中的價值，不會因為一時職務高低而妄自菲薄；相對的，也較能以同理之心和賞識他人能力之心，去看待同儕與對手。

與這樣的人為舞，無形中會為自己注入正向的能量。也由於對方的感染力，使自己適度地調整自我的心態和待人處事，進而能將自我能力、長處發揮得更恰到好處，並於正向能量的循環導引下走出人生瓶頸。

想獲得成果，更要竭盡心力、對人寬容

對於工作或事務盡心盡力並得到想要的成果之人，通常因為珍惜與滿足的心境，對於各種人、各種事，心中會有更大的餘裕去包容。並因寬厚的待人處事，為自己贏得更多的聲望，建立更多正向的緣分，讓工作更如魚得水。

而「竭盡心力」、「獲得成果」和「對人寬容」這些要素，在人生或職場

中，也都互為因果關係。

也就是說，當你覺得自己想要在工作上「心想事成」時，就要更賣力去實踐「竭盡心力」和「對人寬容」這兩個要素。如尼采所說，竭盡心力是「盡力做事」，對人寬容則是「用心做人」，不論在何種領域，一個做人、做事皆成功的人，達成目標自然是水到渠成。

南非著名的反種族隔離革命家、政治家和慈善家，也被視為南非國父的前總統曼德拉，他任內致力於廢除種族隔離制度和實現種族和解，消除貧困和不公。當選總統前，曼德拉是位積極的反種族隔離人士，曾任非洲人國民大會武裝組織之領袖。當曼德拉領導反種族隔離運動時，南非法院曾判處他「密謀推翻政府」等罪名，更因為政治迫害讓曼德拉前後共入獄服刑二十七年半，最後當局迫於國際壓力將曼德拉釋放後，他用寬大的胸懷接納了那些讓他陷於牢獄之災的閣員與獄卒，並留下一句名言：「在這個世上寬恕比報復能成就更多事。」

曼德拉於二〇一三年十二月五日在家中過世，享年九十五歲。當消息一在國

Check!

面對較自己弱勢者，
你會如何應對？

際曝光，南非的民眾紛紛趕到他在約翰內斯堡的家門前，悼念這位備受尊敬的前總統。前來曼德拉家門口悼念的民眾有老人、年輕人，還有兒童；有非洲面孔，也有不同膚色的人群，他們希望傳達自己對曼德拉的懷念與敬意。

這次曼德拉的「世紀葬禮」，幾乎所有在世的美國總統都在身體情況允許的條件下出席，可以說是迄今為止美國出席外國政要葬禮的超規格陣容，這強烈地表現了美國政府對這位享有世界盛譽的人權鬥士的追悼之意。

由於曼德拉樹立了對話、寬容、和解的世界精神和道德形象，美國也藉助這位偉大的人物，表明支持其流傳後世的和平精神。而世界各大國的政要領導人也都為此致上深切的哀悼之意。

一九九七年七月，曼德拉到牛津伊斯蘭研究中心時的演講中說道：「沒有人一生出來就會因為膚色、出身或宗教信仰去恨一個人，恨需要學習，既然人們可以學會恨，那麼同樣可以教會他們愛，愛比恨更容易走進人的內心。」

雖然各種層級的鬥爭，常常出現在我們的生活之中，可能你也常常需要「選邊站」，或是因為某種利益上的對立，而不得不對某些人懷有憎恨的情結。但是能從鬥爭中脫穎而出的，往往不是那些選擇加入哪一個陣營的人，而是那個堅持理念、埋頭苦幹，最後展現實力的人，才能從黑暗中走出來。

因此，學會用寬容的心待人處事，或是多親近這樣的友人，能帶你走向更大的人生格局。當你獲得成果，也會更加感恩為懷地回饋一己的棉薄之力。

工作成果不是個人的成就，而是團隊的成就

農場中有一匹馬和一頭驢子，一次外出時，主人讓驢子背負著較多的貨物，而馬兒卻只有背了一丁點。路途中，驢子感覺無法負荷貨物的重量，於是請求馬兒幫忙：「能不能幫我分擔一些背上的貨物？我快被壓得重死了！」

馬兒聽了十分不以為然地說：「那是你分內的工作，幹嘛要我來做？」

後來，驢子果然因不堪負重而累死了，主人便把驢背上的貨物全都放在馬背上。頓時，馬兒想起驢子的央求，不禁後悔不已。

有些行事保守的人，在職場中，由於與同事間的工作劃分過於分明，認為援助對方就是在替自己找麻煩，因此當他急需協助之時，往往找不到幫手。如果能夠不要將工作僅當成個人的成就，而是團隊的成就，並依實際情況，適時伸出援手，那麼別人也會樂於與他合作，促成一加一卻是無限大的加乘能量，並能於彼此的默契中體悟到互助的喜悅。當有了團隊作後援，人生中再大的風風雨雨，都有人願意與你攜手共進、乘風破浪。

Cheer up 加映場

用心，是把品質做好的條件。

——捷安特自行車創辦人 劉金標

擅於用人者，不會全盤地拒絕或否定他人，因為他們知道該如何施肥。

當你遇到合不來的同事，並為此心煩，卻又無法從中脫身時，可以想想尼采的這句話。當我們下次急於拒絕或否定他人時，也可以先想想：自己是否真的懂得此人的益處，亦或只是憑藉主觀感受一味地否定？而當你被拒絕或否定時，更無須因他人一時的評斷貶抑了自身的能力，因為每個人都有其存在的價值，端看你如何在人生中激發與運用。

沒有人是絕對的「好人」或「壞人」

劉三才繼承並一手打理家族的藥鋪，因其祖傳配藥秘方總能達到藥到病除的效果，因此生意十分興隆。不過，後來卻因為他染上嗜賭的不良習性，竟為了抵債，而將傳承百年的藥鋪之經營權拱手讓人。家道中落後，曾經的小開「劉三才」成了街坊口中的敗家子「劉不才」，終日流連於賭場，成為一個名副其實的賭鬼，讓其他親戚避之惟恐不及。

不過，落入如此破敗之境的劉三才在巨賈胡雪巖眼中，卻有另一番見解。

胡雪巖認為，即使劉三才再落魄，也從未出賣過祖傳秘方，由此可見嗜賭並沒有泯滅他的良知；而且，他出身富裕的家庭，對於商界公子哥的習性自然十分了解，再加上劉三才於玩樂方面十分擅長，正是適合交際應酬的得力助手。

於是，胡雪巖在多方思量後，決定將劉三才納為己用，並用不錯的條件特別聘入。果不其然，日後劉三才發揮他的專長，替胡雪巖攏絡了上海的絲業龍頭龐二，讓胡雪巖有機會一舉進入蠶絲的市場，甚至後來得以操控整個上海的絲價。

有時，自己之所以會對他人產生負面的感受，看似是因為不喜歡他者的性格、作為，其實是自己「過於在意」對方這些特質，甚至是因此引發更深層自己的不悅，才會產生排斥的感受。

例如：你覺得和某個同事處不來，是因為覺得他喜歡搬弄是非、不值得信任。但為何在這麼多負面特質中，你唯獨會對愛說長道短的人很感冒呢？

深究自我內心才發現，因為他喜歡煽動是非，因此你在他面前說話就必須有所保留，甚至有時也會疑心此人是否會在別人面前指責自己的不是，引起內在隱憂。回歸自身，之所以排斥此人，其實是你對自己缺乏一定的安全感與認可，所以才會擔憂別人的一句話，就足以危及你的形象。

若將目光放諸外界，有時候，我們也會認識討厭某些特質的人，他們的身上卻恰恰被別人貼上那些「他不喜歡」的特質。

因此，拒絕與否定的感受，有時是源於自己陰影的投射，或是負面感受所致。既然釐清了「讓你不舒服」的根源其實是在你心裡，只要覺察到了，就能用更清明的意識去觀看自己和別人的關係。

而有些人之所以幾乎能跟每個相遇的人都能建立愉快的關係，除了他們心裡

Check!

不依好惡，是否讓我的人際關係更寬闊？

的「障礙」沒有這麼多以外，也跟他們「看人」的眼光有關，他們不會輕易用「愛惡」去判斷此人的是非。

當你清楚的認知到：沒有人是絕對的「好人」或「壞人」，這些判斷價值觀都來自我們主觀的經驗法則。其實每個人先天都有美好與缺陷的部分，端看自己如何界定，如果你具有引發此人美好特質的能力，那麼就能與他建立和諧的關係，透過深度的交流，對方也將激發你心中欲待施肥的潛能沃土。

關係的深淺，一切都取決於你的心

有個農夫養了一頭狐狸，因為相處多年，早就把他當成家中的一份子。甚至讓自己幼小的孩子與狐狸為伴，也不擔心。

一次，農夫正好要上山砍柴，如往昔般將孩子哄睡後，就出門去了。途中，他和一位許久不見的朋友巧遇，就停下來閒話家常，當農夫聊起家人和狐狸的互動時，朋友不禁提醒農夫：「動物皆有其獸性，萬萬不可深信。」

分別後，農夫一路都在思索朋友的建議，竟對狐狸日久的情誼產生一絲動搖。到家後，農夫正準備進房查看孩子是否無恙時，剛進門就看見狐狸的身上沾滿血跡。農夫沒想到朋友預警的話竟然成真，氣憤之際，拿起斧頭就往狐狸身上砸過去，身受重傷的狐狸，瞬間就一命嗚呼了。解決狐狸後，農夫奔往房間內查看，卻看見孩子安睡在床，但床下卻有一隻奄奄一息的巨蟒。這時農夫才恍然大悟，原來狐狸身上的血跡是和巨蟒纏鬥時沾上的。不過，一切卻為時已晚。

兩人的關係，從普通朋友之所以能晉升到摯友，多是基於彼此日漸深遠的信任所致；但這份關係，也可能因為一時的質疑與波濤，而出現信任危機。其實，很多時候，關係之所以會產生波動，還是源自於我們的心。否則，如果是真正的朋友，那麼再大的風浪也能一起度過，不過，一旦自己的心變質了，那麼曾經深耕的友誼也難以維繫。

我們的心境，就如同一道明鏡，映照著他人，也對照著自己。下次，在你對他人產生排拒、質疑之前，稍微換位思考想一想：如果自己因此受他人排拒，會有何種感受和反應？

如你能排除心中的障礙，不論遇到任何人，都盡量用「希望別人接納自己的方式」去接納對方、看待對方，那麼一定能發現每個人心中隱藏的美好特質，因為你已培育好充滿愛的花園，讓彼此的優點與潛質也有了發芽的沃土。

Cheer up 加映場

如果一個人自己具有某種品質，就具備對那種品質的鑑賞力。

——英國作家 狄更斯

帶著真誠的言語，聽眾也能感受到真摯，人生亦如是。

當我們看電影時，若演員的演技不成熟或過於生硬，我們就可以直接感受到他無法投入該角色的痕跡；於現實生活中亦然。當我們在與對方交流時，若言語和態度帶著些許的偽裝，別人也可以清楚地感知到，而我們心中也會因為一時的矯飾很不舒服。所以，如果無法真誠地面對自己、面對外界，不僅會讓外界失去理解、接納真實自己的機會，當好運來臨，命運之神可能因你人生角色的錯亂，而與屬於自己的機運擦身而過。

雖然，在俗世中，想要百分之百呈現自己的感受，確實有其困難，一方面是我們擔心這樣會影響他人對自己的看法；另一方面，也要顧及自己的直接會不會

Check!

面對外界，我是否如實展露真性情？

傷害了旁人而不自知。

不過，在應有的崗位上，你可以扮演好應有的角色。例如：如果老闆聘請你的職務是會計，那麼你就必須要求自己對於帳務的細目瞭若指掌，千萬不能讓公司承受半分損失；若是身為一位父親，就應好好愛惜自己的妻子，照顧自己的家庭。但在此過程中，你還是應該盡量地讓其他人有機會了解真實的你、現階段的想法或感受，如此，別人才知道你現在處於什麼樣的狀態、有什麼樣的需求。

當你適時對別人坦誠相見，別人自然也會願意坦誠相告，如此一來，雖然謹守分際，卻仍能與周邊的人建立互信，當你的心有了溫暖交流的人際網絡，生命的意義於此存在。

真誠的心，才有擄獲人心的影響力

俗話說：「人心隔肚皮。」其意是指世事紛紜，人心複雜，不可輕易地相信別人。

但是，人與人間之所以存在偏見，往往也是彼此沒有真心交往、主觀臆斷的後果。既然隔了一層面具，並無法讓他人認知真實的自我，不如拿下面具，真實的你或許比想像中更有魅力。此外，免去了思考每分每秒該如何演出的焦慮，就可以把心力拿去投入人生中真正值得重視的核心，你也會因真誠更有影響他人的能力。

美國歷史上的第一位億萬富豪石油大亨洛克菲勒曾經教育自己的兒子小約翰說：「做一個真誠的人非常重要，人們會認為你值得信賴，也會認為你富有責任心，而更依賴你。信用就像一條細繩，一旦斷了線就很難再接起來。」

後來，接掌父業的小約翰不只將這句話銘記在心，更將父親的開示用在實踐人生的道路上。

一九一五年，科羅拉多州煤鐵公司的礦工為了要求改善待遇而舉行罷工。這場罷工，持續了兩年之久，是美國工業史上一次有名的大罷工。剛開始的時候，由於公司方面處置不善，釀成了流血慘劇，使標準石油公司受到了巨大的損失。

後來，小約翰採用柔和的手段，把罷工的事情暫時擱置，他深入到工人的家庭中，一一親自慰問，慢慢紓解彼此緊張對立的情緒。待見到工團代表的態度已漸趨和緩，他就安排發表了一次十分觸動人心的演講。

在演講中，小約翰說：「我十分榮幸能夠和諸位認識，如果我們今天的聚會是在兩個星期之前，那麼，我站在這裡就會是一個陌生人了，因為我還不太認識諸位的面孔；但這段時間中，我有機會到南煤區的各個帳篷裡去看了一遍；我看過了諸位的家庭，會見了諸位的妻兒老幼，大家都對我十分客氣，完全把我看做自己人一般。所以，今天我們在這裡相見，已經不是陌生人而是朋友了。

現在，我們不妨本著相互的友誼，共同來討論一下大家的利益。今天雖然我是公司的代表，可是，我和諸位並不是站在對立的立場上。一直以來長存於彼此之間的問題，現在就讓我們一起從長計議，直到獲得一個雙方都能兼顧的圓滿解決之道為止。」

小約翰的演講，雖然沒有華麗的辭藻，但他話語誠懇，引起了礦工們廣大的共鳴，一下子就使自己擺脫了困境，解決了持續兩年的罷工風潮。

由此可見，在與人交往時，我們必須秉持一顆真誠的心，而不要流於巧言令色、油嘴滑舌。真誠與人交往，這是洞悉真相、結交朋友最可靠、最必要的途徑。因為在坦誠相交的過程中，受益最大的其實還是自己。

別讓真誠只是人生中的一套ＳＯＰ

現任教於高雄餐旅大學、麗緻管理顧問公司資深顧問的蘇國垚，在《款待：旅館十七職人的服務之道》一書中寫道：「餐飲服務員學著低身四十五度，問客人『我可以收走你的盤子了嗎？』讓客人以為這就是尊貴表現。但是，如果真正去請教客人，還是有許多人不滿意。為什麼？……大多數服務場所因缺乏優秀資深員工。必須用ＳＯＰ流程來補救，雖然掌握了流程，卻未必掌握真心款待的真義，結果卻讓客人備受干擾。」

在其著作中也談到能讓客人真正體會到被「款待」的方式。例如：餐廳長一

Check!

我該如何詮釋真實的
感受，讓關係更順利？

接觸到客人後，便開始觀察、記錄客人的情緒量表。假如當時客人的快樂指數很低，服務生於該客人互動時就會謹守分寸。更會於客人用餐時，不著痕跡地察看客人對每道菜的反應，然後即時反映給廚房，使其能針對客人當下的食量作適時調整。於是，由內自外的真誠貼心服務，不僅打動了顧客的芳心，也讓餐廳的品牌形象更深值人心。

我們的人際關係和自己與人生的關係，也是如此。若是我們的真誠是一項費心的設計，如同一套標準的作業流程，那麼，將會缺乏內在的意義。用心觀察自我和他人，才能用最真摯的心去傳達言語、協助所需，讓關係紮根於彼此的心，人生也會因「做自己」的自在更加開闊。

其實，有時我們之所以不知道該如何適切地詮釋「真實的自己」，多是因為不知道該如何正確表達情感所致。這時，被情緒牽引的你，最好給自己和對方退後的空間。

這一步讓彼此有了沉澱的餘裕，待釐清思緒之後，在擺脫情緒包裝之下，向對方說出發自內心的感受……若是感到受傷，就言及受傷的感受，不必以憤怒的話語包覆其外，才能讓對方真正了解自己內心的想法。

當你能如實對待自己、面對外界，也會逐步提高做人的誠信和可靠度，那麼原本於人生道路上的絆腳石，都將轉變成讓你摸著順利渡過湍流的石頭。

Cheer up 加映場

你要將真誠和慈愛掛在頸項上，刻在心板上，就能夠得到智慧。

——作家　三毛

Chapter 4

不論置於何處都有進化之心，是不自覺步入人生極致的秘徑。

人並非從事物中汲取，而是從自身汲取，這才是提高自己能力的最佳途徑。

尼采於《快樂的知識》一書中提到：「同樣的事物，有的人能挖掘出很多東西來，有些人卻不能……。在事物的觸發下，你就從自身取出了相應的東西。也就是說，不必去尋找內涵豐富的事物，而要充實自己。」

在感到自我有所不足，因而無法達到自己的目標時，我們往往會有這種想法：我想學日文、設計……還有大家都在瘋韓文，我也要去學……。問題是，當你不斷地在工作之餘擠出時間去上各種課程、參加各種心靈潛能講座後，理應因吸納多方知識，而感到充實，但是為何內心還是充滿著空洞感，而且人生原本的問題還是沒有消失、依舊一籌莫展呢？

其實你所吸收的外在資訊，若是缺乏能夠引起自身共鳴、確實能受用的部分，吸收後的心智就像是剛填充好空氣的汽球，外在看起來是飽滿的，重量卻輕如鴻毛。雖然多學習新知對於自己確實有一定的幫助，但是，當資訊的量大而質卻未相對提升時，是否能對人生發揮一定的影響力呢？這是在盲目求知前，我們應該先思考的問題。

Check!

為什麼我會想去學這門課程呢？

整理後決定留下的東西，才是適合你的

紛雜的資訊，猶如繽紛滿目的商品，如果我們在選購時，僅憑一時虛榮心的遊說就買回家，那麼日積月累之下，家中的角落一定會開始堆積一些幾乎用不到的傢俱和物品，如果不整理、捨棄，家中怎麼清理都易顯得雜亂失序。

如果在採購前，你可以依實際需求思考清楚：擁有這件物品，對生活是否有明確助益，如果缺乏他是否會帶來很大不便？買了之後，家中是否有合適的地方妥善保存？你現在想購入的想法，是來自欲望，還是需求？

如果發現自己是本著一股購買的衝動，最好先擱置「現在不買，以後一定會後悔」的想法，不妨多給自己一週考慮的時間。如果一週後，這個需求反而變得更加強烈，那麼到時再買損失也不會太大。透過這段時間，你會思考自己與此件物品之間，是否仍然存在著強大的需求連結，因為通常在衝動情況下產生的欲求，一週後，腦海自然會浮現「還好當時沒亂買」的念頭。

各種知識、資訊對我們的人生，也是同樣的概念。當你很想吸收新知時，應該先思考：這對我的人生是否有確實的助益呢？

如果你想同時學的東西很多，應該先去想：現階段的我如何在有限的時間下，從紛雜的課程資訊中去蕪存菁，找出此刻對自己想提升的能力有確實增強作用的選項？當你確定了心中需求與人生目標的主軸，自然會知道：哪些資訊、知識是你需要的？哪些只是你基於「為了跟上別人的腳步」、「因為大家都學，所以我也應該要加強，才不會落於人後」的「為了學而學」的衝動，但對自己反而不見得有確切的幫助，學完後甚至會紊亂原先的人生理念，因而讓自己失去方向

Check!

我可以如何將所學應用在人生中？

或原地踏步，那麼這類的「吸收」，對你而言並非能活絡大腦的氧氣，而是讓你的心更加烏煙瘴氣的廢氣。

所以，無論你的想法是什麼，只要能回歸這個人、這件事與「內心」及「初衷」的連結，自然能從「實際助益度」和「不可或缺度」的深淺程度中，去判讀其對於人生的輕重。當你確定吸收這觀念、參與這件事不會混淆人生的價值與目標，而能補給生命的養分時，就可以吸納其中，內化為自身的一部分。

如何過濾學習，也是一種學習

古時，王庠向蘇東坡請教讀書方法，蘇東坡說：「書的豐富就像海，什麼都有。可是，人的精力有限無法全部汲取。因此，只須汲取我們所需求的部分就可以了。每讀一遍就專門研究一個問題，並多讀幾遍。這種方式看似迂拙遲鈍，但幾次之後，就能對書裡的每個問題都了解透澈。」

蘇東坡汲取知識的態度，就是一種具有深化效用的過濾方法。

因此，你可以從原本喜好的領域開始，向下紮根以增深度，向相關產業的人請教以增廣度，再從中激發出自己更多潛藏的想像力與創造力。過濾是一門學問，也是需要經過一番學習的。當自己懂得過濾時，你所吸收的東西會更簡潔有序；而這樣的自我學習，才會讓自身感到向上提昇的愉悅。

人的快樂不假外求，人的充實感亦然。每個人對於滿足內在的要求和感受不一，只要我們了解自己想要的是什麼，慢慢地找到屬於自己的方法，每一次的學習，都能讓正走向下一個階段目標的你，賦予人生全新的感受和意義。

Cheer up
加映場

只有那些不斷充實改造自己的人，才有機會在往後的日子持續被雇用。

——美國企業管理作家 湯姆·彼得斯

絕不能因為喜好厭惡半途而廢。堅持到底，這便是了解事物本質的訣竅。

一隻蝴蝶尚未破繭，能否翩翩飛舞？一朵花於花苞未開之際，是否能展現她的美麗？半路折返的旅程，是否會錯過你原本想見的極致風景？人生旅程亦是如此。

很多時候，我們容易因為努力過程中的一些不快、不順遂等負面的感受，放棄了原本想要走的人生道路。也許，就差了那一百公尺的路程，目標就到了，我們卻在途中放棄了。假若我們謹記著自己「為了什麼而前進？」那麼，才能將當初堅持的初衷銘印於心。就算行進途中遇到挑戰、困境，都是為了讓自己能力更進階的事前暖身。

不求速成，過程就是一種修練

身為一位游泳好手，曉莉一直想再突破自己的紀錄，因此她決定挑戰一項十分艱鉅的任務——游過海峽兩岸，並找同伴開著小艇與她隨行。

在興致勃勃的情緒下，曉莉很快就選定了接受試煉的日子。當天清晨六點，曉莉就在朋友的陪同下，從西部的某個沙灘出發。下水前，她原本覺得已將體能調整到最好的狀態，但十六個小時過去了，當深夜的濃霧完全遮蔽前方的視線，此時的曉莉又溼又冷，身體十分疲倦，耐心也被磨盡。於是，她便央求同伴，能否結束此次的挑戰。同伴為了讓她堅持下去，他們鼓勵著曉莉：「其實只剩一海浬遠了。」於是，曉莉不疑有他地又賣力向前游去。

過了三個小時後，她開始查覺那不過是同伴善意的謊言，自身的體力也已到了極限，因此再次請求同伴的援助。這時，尚在遠處的同伴，仍揮著手大聲告訴曉莉：「現在只剩一公里了，千萬不要放棄！」不過早已萌生退意的曉莉未加採

Check!

我當初想做這件事的初衷為何？

信，她以快失去體力為由，請同伴將她接上小艇。

當曉莉一行人在小艇上稍做休息後，正逢大霧散去，她才看到不遠處正亮著一盞盞對岸的燈火，對於自己一時衝動的放棄十分後悔。

半年後，曉莉又決定重新挑戰游到海峽對岸的目標，但這一次，她帶著無比堅決的信念，她告訴自己：「無論心中出現什麼樣的想法，我絕不放棄，如果我過不了這一關，挑戰失敗的這個結永遠會留在心中，成為我人生的阻礙。」

於是，在同樣濃霧籠罩的凌晨裡，海水依舊冰寒沁骨，眼前的黑暗依舊深不見底，但是，曉莉的堅定幫助自己戰勝了一切，最終以低於預定時間的速度，抵達了對岸，獲得了終生難忘的自我肯定。

眾多行遠必自邇的勵志故事不時地在螢光幕前曝光，激勵著人心。即使諸如此類的故事結局，我們都知道主角最終必定獲得勝利，才會被搬上檯面。但是，我們還是會隨著主角的堅持與努力的過程內心激動不已。

在相同的困境中，為何有人可以度過重重難關，有人卻連一關都過不了？重點還是在於此人的耐性。若他希冀「速成」，將難以體悟到修練過程中的收穫。若你能藉由過程中層出不窮的挑戰，鍛鍊自己的耐力，如此，便能品嘗到酸中帶甜的果實沁上心頭，並因戰勝往日的自己而百感交集。

會不會成功，檢視過程中的自己便知

在努力的過程中，我們可以用比較的概念，來審查自己順利達成目標的可行度。

如果你現階段的負面意念超越了最初的決心，且各種怨懟的感受正在無限擴增，那麼途中你很可能就被自己的心魔、外在的困厄所擊敗；如果你現階段的心中，克服阻礙的鬥志正節節攀升，甚至遠超過還未嘗試前的意志，那麼你是一個能將阻力化為助力的人，抵達目標、甚至超越目標的時間點，就在眼前。

我們不只可透過以上方法來衡量目標的可行度，也可以藉此來調整自己內在的情緒、行進的速率。如果你發現自己投入的熱誠正不斷消退中，那麼可以試著

Check!

我遇到的難題，有沒有更好的解決方式？

將當下的問題具體地羅列出來。

當你感到：「眼前的阻礙，遠超於我原先的設想。」那麼你要盡量具體化地思考：是預備金不足，還是欠缺某方面的資源或人力，或是阻擋著你的是信念即將磨滅的自己？

如果是金錢的問題，最好能具體算出資金的缺口，以及未來三個月還需要投入多少？算出了確切的數額，就盡己所能地去想辦法循著正常管道找金援，或是用交換的方式去獲得一些現實中缺乏的資源，就能省下那部分的錢。若欠缺資源與人力，你可以透過網路上的號召，做資源交換，若缺人力可提供實習、成長的機會。其實現在網路上崛起不少公益型的募資平台，可以幫你一次解決以上的問題。

將問題確切提出，再一一地找到解決方法，去限縮他對你的影響，就算只能減少一部分問題，也代表你已有搬除阻礙的能力與完成目標的決心。

若問題來自於自己或方法失誤，你可以藉由具體的調整、改變，跨越難關。

無論你克服了哪一種阻礙，都要當成自己已完成了一個短期的目標，給自己或團隊一些小小的獎勵，藉此建立：「克服困難會有好事發生的心理印象。」如此替自己的心增強韌性，下次再遇到困難時，滲透潛意識的正向力會告訴你：「克服阻礙會有好事發生。」如此，你會比過往的自己更有信心挑戰成功。

若你發現自己缺乏短期的目標或以上肯定自我的方式，就必須重新檢視目標是否預設的過於長遠，導致太過虛無飄渺而容易使注意力分散，讓心神不斷耗損，執行的無助與疲乏也因此產生。

另外，若執行過程中，你已開始感到迷惘，就須對原本的目標重新考量：前進的方向是否真的適合自己？還是需要換個方法？重新探測自己的想法，會越來越清楚你真正想要的是什麼，不會因為主觀的執著讓自己陷在一個關卡太久，任由負面能量恣意橫生。

當你開始正視問題，開始調整心態清理戰場，一旦不再被阻礙混淆視線，內心變得更清明，人生的關卡也將煙消雲散。

若你因為嘗試過而失敗了，心中也能跟自己說從此了無遺憾。但是，如果還沒到達終點就跟自身的缺陷、情緒舉白旗，以後回想起來難道不會覺得可惜嗎？如果能將過程中的戰鬥意志、勇氣和前進的毅力視為一種成果，經歷重重考驗後的收獲，其實就是那個變得比往日更堅強、更堅毅的自己。

Cheer up 加映場

在這個世界，沒有什麼比「堅持」對成功的意義更大。

——美國前總統 德懷特．大衛．艾森豪

我們該看這樣的書：看完之後，令世界為之一變的書、帶領我們前往世界另一頭的書。

一生中，我們能經歷的有其限度，但生命中有其他形式能夠拓展自我的閱歷。例如：交幾個不同專業領域但可相談甚歡的朋友，看幾部不同類別的電影、戲劇、展覽，當然這也包括了閱讀的經驗。

閱讀是一種極其獨享、私密的過程。在靜謐的空間內，透過書中的文句、意境與意義，內在的自己也與書中的主角一同經歷劇情，並與書中的觀點對話，可說是直接深入自我意識，透過感受內化使自己進化的一種快速擷取方式。

什麼樣的書籍能幫助你打開感官，讓自己願意接受更多的人生嘗試？什麼樣的書藉能幫助你體悟更多、更深、更廣的人性或人生？什麼樣的書籍能讓你的精

Check!

我有多久沒有認真閱讀一本書？

神為之一振，協助你跨越一次又一次的心理障礙？什麼書籍能讓你在心靈平靜之餘，也能因為與其的心靈交流使內在更為澄澈？閱讀的力量，不僅可以開啟你的心靈視野，藉由智識的提升，也能轉換原先待人處事的角度與層次，讓人生隨著閱讀的旅程而逐步排除阻礙、自我晉升。

挑選引起共鳴的書，寫下自己的閱讀筆記

看什麼樣的書，能夠帶領我們前往另一個人生境界？書店排行榜上所羅列的暢銷書、各種網站上推薦的書單，都只是幫助自己挑選書籍的一個窗口，但是無可避免的，其中也參雜了許多商業手法、無關個人感受的銷量統計或採購的主觀看法，這些都標榜著他人的閱讀經驗，卻不見得合適自己。

不論這些書是由多麼專業知名的作者寫成的、裡面寫的觀點有多棒，一旦無法引起心的共鳴，或是帶給你一些思想上的激盪與衝擊，那麼這些書於現階段的你而言，就算咀嚼了也會感到食之無味；不過，如果這本書可以喚醒你沉睡的夢

想、與你心中的觀點一拍即合或是讓你能夠深深反思、可以為你此刻的難關提出破解之道……等，就能透過與心的交流，帶領我們前往另一個人生境界。

如果你覺得自己在廣閱群書後，人生卻沒有絲毫的進展，自己依舊原地踏步，那麼你應該思考：你是為了什麼而閱讀？讀一本書，如果不能感動自己、改變自己、反思人生，那麼一本高達數萬字的書，也如同一篇時事新聞般，容易過目即忘。因為這些觀念並沒有植入你心中，就無法在你的生命開花結果。

這時，除了用前述的方式調整自己選書的視角之外，在閱讀的同時，最好能一邊寫下閱讀筆記。用寫的形式，可以替我們過濾一下於己受用的真知灼見，同時，也可藉由紀錄的方式，寫下自己心領神會的心境，如此一來，這本書不只是被你翻閱過，而是用心品味過，甚或在書寫的同時，你還能提出更深一層的見解以及與人生經驗激盪後的感悟，由此打開了過往心裡的死結。那麼，閱讀對你而言，不只是增廣見聞的方式，更是一種治療心靈的過程。

Check!

我最近看的書，於人生有什麼幫助？

你的閱讀書單，猶如人生進程的寫照

人與人之間，講求緣分，人與書之間又何嘗不是。有時候，我們買了一本書之後，不見得會有想立刻翻閱的衝動。假以時日後，待心靈受到磨難時，偶然又看到這本書，在靜下心拜讀後果然因此找到了解答的出口。所以，閱讀與學習都是不能強求的，只有在你的心有這樣的需索之時，內涵與學識才能深植心中。

如果回顧你的藏書，每本都帶有一部分自己的影子，但你藉由閱讀替自己排解了人生的難關，還是反而讓自己走上越來越晦暗不明的道路？才成就了今日的性格與人生。

藉由回顧，你也可以檢視當下的自我，看看自己床邊的書籍，是否能替自己排解生活的煩憂？還是反而使自己更加抑鬱不安、更加偏激？如果你的閱讀經驗始終停留在某個程度，那麼或許也代表著你的心智也停留在某一個階段，或許這就是現今你會遇到困境的緣由。那麼，藉此機會，替自己開拓另一層次的閱讀視野，你會發現，內化後的觀念，往往比希冀他人的開導、不斷求神問卜，讓事況更有突破性的發展。

我們可以選擇讓閱讀豐富、滋養你的人生，也可以選擇讓閱讀封閉和窄化自己的心靈，二者皆是自由意志。所以，我們更應該要審慎地選擇有助於現階段自己的讀物，一如替自己選擇老師、朋友、伙伴以及伴侶。一般嚴謹，因為吸收一本書的觀點之後，很可能對你的人生產生重大的扭轉力。為了抵達理想中的人生境界，就不能小覷閱讀對心念的轉化力量。

Cheer up 加映場

理想的書籍，是智慧的鑰匙。

——俄國作家 托爾斯泰

每天都是充滿發現和探索的生活，每天都能學習到新的內容，生活就不會感到無趣。

生活態度是一種累積，當習慣已成自然，我們會不自覺用這樣的態度過日子；無形中，讓往日的經驗法則在心中越來越固著，因此人生猶如鬼打牆一般，走不出現有的範疇與框架。

無論是對於生活漫無目的、日復一日只求現實的溫飽、僅僅追求感官的享受或者企求生活的富裕……等生活態度，都會帶往你抵達截然不同的人生結局，那麼你現在的生活態度，是否帶你能走向「想要的結局」？

或許，這是你應該時時檢視的問題，藉由答覆，重新檢視自我的習性對於自身的影響，這也將幫助你形塑未來想要的風景時，更加明確而清晰。

自己找挑戰單挑，不要等挑戰找上你

我們往往希冀著安穩的現狀，害怕遭遇變動的風險，其實想要維持安逸的生活比追求風險對人生進程的阻礙更強大。

如果擔心自己已經落入耽溺安逸的陷阱，你可以先試著想想：過往我有什麼想法是尚未付諸執行的？這個想法最好是與你現在人生軌道有所差異的領域，或是能夠幫你走到另一階段人生的目標。

於是，你可以開始為自己設定目標，並為目標擬定實際的逐月短程目標，再逐步擴增為為期一年的全盤計畫。待時限已到，最好能替自己安排一次實際的檢測，確定能力的增長，或是送給自己小小的獎勵。畢竟，在顧好現有的生活層面下，仍要督促自己「不要敗給現實」、「不要輸給惰性」，需要不小的勇氣與更多的心力，因此適時肯定這樣的自己，也是理所當然。

平日的生活中，最好能鼓勵自己多以正面的角度和主動的態度去設定與執行

Check!

我曾想做過什麼事，
最後卻未付諸行動？

目標，也許當下並沒有太多的感覺，不過，日後便會發現，原來在態度轉變過後，每天的日子瞬間變得更加充實而滿足，你的人生也因一再主動出擊更加了無遺憾。

即使在同一個區域，也能發現不同的生命軌跡

想在浩瀚的宇宙中發現一顆小行星，實在如同大海撈針一樣困難，但在我們望向的同一個天際中，卻有一個天文學家從中看到了不同的生命光芒。

平日的晚上，玉山鹿林天文臺的望遠鏡都會在不同時間，對準同一個區域的天體，拍攝三張照片。不過在二〇〇六年，中央大學鹿林天文臺臺長林宏欽和中國大陸廣州中山大學的葉泉志教授於檢視照片時，居然發現「有一顆在移動的星星」，興奮之餘便向國際天文聯合會提出小行星命名申請。經過和國際天文聯合會的資料庫比對和確認後，證實是一顆從未被人類發現的小行星，於是兩人順利獲得命名權，後來這顆新星被命名為「嘉義小行星」，就成為全宇宙中第一顆以

臺灣縣市命名的天體。

假若我們能從日復一日的生活中，尋找會對生命產生不同意義的人事物，再替生活重新定位，那麼心智就不易被既有的框架限定，人生的走向也將更開闊。面對突發的困境時，如果將其看作帶自己脫離現有軌道的事件，在蘊含風險的同時，也代表其中藏著一種轉機，讓自身的能力與內在潛能更上層樓！

Cheer up 加映場

我的人生絕不會成為習慣，他永遠充滿驚喜。

——紐西蘭作家 凱瑟琳・曼斯菲爾德

不要因為自己沒有天賦的才能而感到悲觀。要是覺得自己沒有才能，就去學習一種。

到目前為止，你總共在自己本來有興趣的事情上，對自己說過多少次：「唉！我想我沒有這個天賦，還是算了吧！」天賦之於人生真的有那麼重要嗎？

有個記者曾訪問過一位從四歲起就被稱為音樂神童，長大之後成為世界知名大提琴手的音樂家。

記者問：「請問在您的成就之中，天賦占了多少比例？」

大提琴家微笑地回答：「我想，應該不到百分之二十吧……不過，在這百分之二十當中，那從小就逼我學琴，不讓我出去玩的媽媽，大概貢獻了百分之十五以上的努力。」

英國心理學教授邁克侯威研究神童與天才多年，他得出的結論也是形同此理。他說：「一般人以為天才是自然發生而不受阻的閃亮才華，其實，天才也必須耗費至少十年光陰來學習他們的特殊技能，絕無例外。」

因此，要成為「專家」，都需投注巨大的心血，培養自己的專業才能。一個人再有寫作才華，也要靠訓練和經驗才能找到寫作的竅門。所有成功的作家一輩子都是讀者，而且大多數在年幼時就養成習慣，將思想付諸文字。

邁克侯威教授也統計過，以學鋼琴為例，如果想要變成還不錯的業餘鋼琴家，至少需要專注地投入三千個小時的訓練，如果想達到專業水準，一萬個小時的苦練是跑不了的。

如此看來，我們人生中遇到的種種挫折，並非因為自己沒有天賦，而是因為沒有持續貢獻。所以，想擁有一輩子的專長或興趣，就像跑馬拉松賽一樣，最重要的是把他跑完，而不是一直很在意自己起步時衝得多快。當你在經營興趣的跑道上，快喘不過氣時，只要告訴自己：「不用太拚命，只要堅持下去。」抱持著

Check!

在人生中，我該如何
善用自己的天賦？

這樣的精神深耕，你一定能成為該領域的明日之星。

你有什麼天賦，自己說了算

《莊子》外篇中有一篇〈駢拇〉如此寫道：「鴨子的腳雖短，若你將它接長，牠就難過了。鶴的腳雖長，若你將它截短，牠就悲哀了。牠們的天性如此，沒有袪除憂慮的必要；人亦然。」

假使，你在判斷個人的能力時，一味地與他人較量，那麼很容易會忽略自己的優勢。因為你所要重視的，並非他人所看重的才能，而是由我們的特質發揮出來的強項。例如：你的邏輯性比感性強、你的個性較活潑外向……等，不必把眼光往外看，而要向內檢視自己，再針對這些特質去選擇適合自己的職業、尋找未來的方向，人生就能達到適性發展。

若你總是向外評比，那麼在看見優勢之前，往往會先被自己弱於他者之處所困住，希望先就此處去補強，因為「不想輸給別人」的心理作祟，反而抑制了天賦的發揮空間。例如：當父母發現在英數兩科之中，孩子的數學成績總是一落千丈，一定會優先送孩子去數學班補習，直到他能跟上同儕或超越同學為止；卻因此可能忽略了他在英文方面的能力已經超出同年的孩子許多，應該再予以更高層的教育，予以提升。若父母覺得他的英文已優於同儕就置之不理，久而久之，他的英文程度最多也只能一直比同學「好一點點」而已。

因此，對於天賦的培養，自我的判讀比任何外在的標準都更重要，興趣也能成為替天賦加分的要件。如果你至今仍找不到自身的優勢，那麼就可以嘗試將興趣當作自己的天賦經營。因為是自己喜歡的事物，也願意投入比別人更多的精力、時間去學習研究，長期累積下來，定能將興趣打造成一門專業，再以此去尋找對應領域的工作，如此一來，興趣就成為你的「後天天賦」，因你對自己的了解與對此的經營，而能自然而然地為自己贏得「樂在工作」的幸運。

Check!

除了已知的興趣，我是否還有別種才能？

任何一種才能，都足以讓你生存下去

一位捷克籍的法學博士寫畢業論文時發現，在這五十年來，有一所專門收容低收入戶孩子，並教育他們的貝納特學院，其畢業生在紐約市的犯罪紀錄最低。基於好奇，他便以問卷的方式向這所學校的學生展開調查。

問卷上的題目是：「貝納特學院教會了你什麼？」

結果，問卷中有百分之七十四的人回答：「知道一枝鉛筆有多少種用途。」

這位法學博士為此感到疑惑，於是便邀訪一位自該校畢業的學生（現已是一位皮件商店的老闆），替他指點迷津。

皮件店的老闆解釋說：「我們入學的第一篇作文就是這個題目——〈一枝鉛筆有多少用途？〉。當初我認為鉛筆只有一種用途——寫字。誰知道他不僅能用來寫字，還能當做尺；作為禮品送人；當商品出售獲利；他的芯磨成粉可作潤滑粉；可用於化妝；削下的木屑可作裝飾畫；遇到壞人時可作為武器自衛……等。

貝納特牧師讓我們這些窮人的孩子明白，一枝鉛筆有無數種用途，而人更是有無窮的效用。只要找到任何一種用途都足以讓我們生存下去。」

後來，法學博士又訪問了二十名以上同為貝納特學院的校友，每個人對於人生都抱著非常積極正面的態度，從未因為自己的出身而自暴自棄，因為他們知道自己在人生中「有無數種用途」。

也許我們並沒有相對突出的才能，但是，自己可以先嘗試培養一種，假使你以正向的力量澆灌才能的種子，就能從中看見改良的可能。在別人還未識出你的能耐前，當你自己的伯樂，讓帶有你才華的千里馬於人生道路上無畏地奔馳。

Cheer up 加映場

哪裡有天才？我是把別人喝咖啡的功夫，都用在工作上的。

——中國大陸作家 魯迅

只要你還活著，你就必須執行計畫，否則，就只能幫助別人實現他的計畫了。

我們於制定計劃時，往往一心認為，只要計劃一訂定，也將可能發生的變數預先想好備案，如此便萬無一失。不過，計劃往往趕不上變化。我們能否打贏這場與「變數」搏鬥的耐力戰，不但關乎信心和毅力，更關乎自我對於實現計劃存在著多大的願力，畢竟藍圖的實踐並非一蹴可即之事。

不過，當遇到障礙和困難之時，人們往往容易忘卻當初構思藍圖時的美好感受。就在我們選擇向變數俯首稱臣之際，同時也意味著將人生的主導權拱手讓人，而自己也將一直停留於計劃失敗的階段。倘若，我們願意嘗試各種方法解決橫亙於眼前的阻礙，那麼，在你成功翻越山脈之際，就能看到頂峰的風景。

你就是自己「人生規劃局」的BOSS

為什麼對於工作或人生其他層面的事情，我們是如此的使命必達；對於自己的夢想卻總是執行力欠佳、戰鬥力不足呢？

若是工作有現實、時間的壓力，何不也替自己的藍圖給予適度的壓力？我們對自己的人生也如同所屬的工作崗位一般需要責任感，對於未來也需要成就感，把自己當成「人生夢想事業的老闆」，用要求工作的態度，同樣要求自己要對理想負責、執行，否則就等於把自己從人生的使命崗位中開除。

就算一時遇到困難與障礙，他也只是提醒你：計劃該修正了，不能再使用同一種方法了，該尋求他人援助了，該另闢谿徑了……等善意的勸告。轉個彎或請求他人支援並非代表失敗，遇到一點挫折就輕言放棄才是真正的失敗。只要讀懂老天爺的善意提醒，告訴自己一定還有轉圜的餘地，那麼阻礙便能成為你人生可攀附向上的藤蔓。

Check!

這一生中，我的夢想事業是什麼？

克服阻礙，練就跨越夢想的強韌生命力

一棵人稱「總統」的巨杉是世上少數僅存的紅木樹種之一，矗立於海拔兩千一百公尺的美國加洲紅杉國家公園中。

美國科學家斯雷特和他的團隊在美國國家公園局的支持下，於「總統」神木上完成了高空測量，統計數據如下：「總統」大約有七十五公尺高，和超過三千兩百年的高齡。他的樹幹有八公尺寬，樹上大約有二十億片樹葉。而且「總統」的體積，每年都會增加至少一立方公尺，被認為是世界上增長最快的大樹。

「總統」神木之所以能夠活得這麼久，係因為他撐過了死神所有的威脅。例如：被閃電擊中、被人類砍伐以及甲蟲的啃噬。此外，他的心材和樹皮充滿了單寧酸和其他化學物質，讓他免遭真菌感染造成腐敗；生成的肥厚樹皮，能夠防止大火的焚燒；更由於巨杉偏好極度冷冽的棲息地，因此即使冰雪重壓其枝枒，他依然能屹立不搖地承受著這一切。可以說是巨杉的特性，才能造就出「總統」神

木跨越數千年的強韌生命力。

當我們面臨實現目標途中的阻礙時，想想「總統」這棵至今還在繼續成長的神木，更要學習他面對嚴竣考驗時的無畏與生命力。

計劃與目標中間往往存在著現實與理想的落差，若你只是仰望著落差而卻步，那麼，最終的想望也只能成為遙不可及的星星。這時，行動力則是將兩者落差的高度越截越短的斧頭，也是讓困境節節敗退的良方，當我們的意志與決心夠堅定時，行動力也將如虎添翼。

Cheer up 加映場

每個人都會死，但不是每個人都真正活著。你明天人生唯一的限制，是你今天說的「可是」。

——美國作曲家 萊斯．布朗

不能被外表的數量與壓倒性的魄力所迷惑。對你來說，什麼品質才是有意義、有價值的？

生活中，我們已經習慣「少數服從多數」的從眾模式。

在民主社會中，得票數最多的政黨將成為決定國家政策時最有權力的一方；臉書上按讚數最多的用戶，自然就是人緣最好的指標……。不過，我們要釐清的是：多數人贊同的意見、判斷、做法，就是絕對正確嗎？多數人肯定的事，就是值得我跟隨與相信的指標嗎？

即使數字會說話，也不能忽略客觀事實

要釐清真相，我們可以先認清一件事：其一，我們看見的多數，其實只是占

了相對優勢而非絕對正確的一方，因為少數的聲音也代表了事實或現象的一部分。那麼，為何我們不經判斷就容易被大多數人認可的事實或理念牽著走呢？其二，你的從眾心理是基於認同，還是只是被旁人的意見推著走？

試著聽聽自己內在的聲音，他是站在多數一方、少數一方？亦或你其實有著第三種看法呢？數大不見得就是美，有時精巧、少量有屬於自己的存在意義與藝術價值，因而物以稀為貴。

如果單單以多數的看法為依歸，很容易掉進對真實情況以偏概全的陷阱裡。你只能看見天空的一隅，卻難以見其全貌。

假使我們想跳脫這個陷阱，就必須從客觀的脈絡中去查看各個面向，試著站在不同角度去獨立思考事件、情勢的發展。當你越能夠學著自己觀察、搜羅資訊，並依此判斷時，自我的心性就越沉著，越不易為他人所左右，你會擁有屬於自己的觀點和清晰的眼光。

心的清明才能見到事物的本質，找出真相後就無須擔心自己的從眾心理。你

Check!

迷路時，那條路更接近我想要的品質？

會學著自我認同卻不偏頗和自傲強勢，也會學著傾聽和重視自我內在的聲音。當你養成以客觀事實作為判斷事理的依據後，事實勝於雄辯，時間會證明一切。

篩選你想要的人生品質

位於台北大稻程的有記名茶，來自福建安溪產茶世家。一九七〇年因淡水河於大稻程的水運之便，因而選在大稻程落腳開拓臺灣的市場。這間擁有百年歷史的茶行，其傳承的絕活就是將毛茶精製化。

茶農將採下的茶葉，經過萎凋、殺菁、熟捻與初步烘乾的過程後，即成「毛茶」。不過，缺點就在於規格不一、品質參差不齊；又因含水量比例較高，容易走味。另外，由於毛茶沒有經過焙火，會讓胃感到不舒服。因此，首先必須鑑定分級，不合格的茶葉會被退貨。然後是篩揀剔除的功夫。接下來，於「香氣」和「喉韻」的兼顧下，去蕪存菁提高成品的品質；最後再用「焙火」方式讓茶韻提高，並能延長、穩定茶葉的保鮮時間。

看看好茶的製程光是將毛茶鑑定分級就要花費不少功夫。我們對於自己、對於人生也應如此審慎待之。

學著從眾多的人生價值中揀選出對自我而言最有意義的事物。雖然被篩選掉的並非不好，卻能在有限的品味人生中，讓自己更能專心地對待所珍視的人事物。因為「多」只是個量詞，而非質的代表，當你釐清質重於量之於生命的意義，人生的內涵也會因此更為飽滿細緻。

Cheer up 加映場

不要相信你眼睛告訴你的，他所顯示的只是限制。以你的認知看事情，發掘你已經知道的，你將看到飛行的方法。

——美國作家　理查·巴哈

你想輕輕鬆鬆地度過安逸的人生？時刻與群眾為伍，最終會忘記自己的存在。

假若我們想從一片草地中分辨出哪一顆是幸運草，就需要花費一番功夫；不過，若是想從中找出一朵漾著粉色的小花，得來全不費功夫。

所以，若是想要成為生命的亮點，就要意識到：隨眾流俗往往是扼殺自我光芒的無聲殺手，唯一的方式，是想辦法讓自己做到獨一無二，才能從中脫穎而出！

你甘心這輩子只能這樣過嗎？

當自己意識到存在感逐漸被環境吞沒時，你也許會感到自卑，也許會感到消沉，也許會認為這輩子不如就這樣過一生……原先關於自己的才華、人生可能性的期盼都會被這些較為消極的念頭套牢。

為了避免耽誤人生，我們可以種植一個心念於心中：「我值得更好的。」

這個念頭並不是要你鄙視現有的一切，而是要激發你內在的改變。接下來，你會想辦法讓自身變得比現狀更好。一旦自我價值感逐漸提升，慢慢地，你會發現自己變得比以前更有自信，也更願意展現自我；而內在素質的提升也會致使外在環境品質的提升，這就是意念和夢想之間的的強大鏈結。

你有堅信自己的勇氣嗎？

世界著名的音樂指揮家小澤征爾，於參加歐洲指揮家大賽的決賽時，收到一張指定的樂譜。演奏時，小澤征爾不斷感到樂曲中的不和諧之處。

一開始，他以為是演奏的方式錯了，便要求交響樂團停下來重奏。再次覺得不對勁時，他就詢問評委提供的樂譜是否有誤，不過，在場的作曲家和評判委員

Check!

即使目標與眾不同，
我能堅持下去嗎？

皆一概否認。

面對幾百名國際音樂大師和權威，小澤征爾一時之間不禁對自己的判斷產生了質疑。不過，經過思索再三後，他用肯定的語氣告訴大會主席：「不！一定是樂譜錯了！」

沒想到，這時評委們紛紛起立向他致敬，並用熱烈的掌聲祝賀他在此次大賽中奪魁。其實，這是為了試探指揮家：在有眾人壓力時，自己能否擁有獨立判斷的能力。因為，惟有具備這種素質的人，才能成為世界一流的指揮家。

前二位進入決賽者雖然也發現了相同的問題，卻放棄了自己的判斷，只有小澤征爾相信自己，並且不附和在座的音樂權威，因此獲得了世界音樂指揮家大賽的桂冠。

面對多數人不苟同、不承認、反對……等壓力，我們內心對自己的信任度究竟還剩下多少？又有多少勇氣能承受這些壓力，並以堅定的心回應？

其實，相信自己與相信他人一樣不能盲目，我們必須了解事情的原委、周遭環境的狀況，堅信自我的勇氣才得以展現得理直氣壯。

但是長久生活於人際網絡中，自我也會迷失於眾人的思想和行動中，忘了自身的能力與判斷力。假若自己不因他人的怠惰而一同沉淪，時刻提醒自己此生的使命，那麼穿越群眾迷霧的你，會看見走向目標的指引竟是前所未見的清晰。

Cheer up 加映場

個人總需掙扎才不致被社群所淹沒，做自己是一件困難的差事。但為得到掌控自己的特權，沒有代價是高到不能付的。

——英國詩人、作家 魯德亞德·吉卜林

Chapter 5

現在沒錢沒地位又如何，
貫徹意志就能改寫人生的結局。

若是對自己周圍的事物都有興致，那最後你只能成為一事無成的空殼。

如果將你的人生比喻成一只空的袋子，你會想要裝進什麼呢？有的人想破頭仍毫無頭緒，空著的袋子象徵著他的人生就這樣空泛地度過；有的人會把所有想裝的物品全都塞入，擠爆的袋子象徵著他什麼都擁有，但對每種事物的所知或發展空間卻也被壓縮；有的人會先衡量袋子究竟能夠承受多少的重量，再考慮要放入什麼。這類人深思熟慮的方式，表示他很清楚自己在人生中該如何安排目標的先後順序。

當你在思考生命中諸多人事物的輕重緩急時，是運用較感性（慾望驅使）的態度、或是較理性（實效驅使）的態度，又或者是理性與感性並行呢？由此，可

Check!

現階段的人生，我想要達成什麼成果？

看出你是如何確立人生發展的主軸。從象徵的視野重新剖析，就能找出自己抉擇時的盲目與真正看重的事物。

空的袋子也可以代表現況之下你的人生尚待成長的空間，不過袋子的容量與承受重力的程度有限，一如自身的抗壓力與生命的有限性。當我們於有限的時間內一味地將自己想要的事物納入其中，並沒有考慮本身能吸收的程度時，反而會壓縮了自我的成長空間。

面對現階段自己的不足之處，很多時候我們會產生「想要抓住一切」的心理，希冀能用安全感填充。其實，我們應關注的並非是「我可以什麼都做」，而是釐清「我究竟想要什麼」和「什麼才是現階段需要先做的」，才是讓你安穩向前行的優先步驟。

人生的智慧，只能靠時間累積

那些對於人生選項的先後順序不假思索的人，很容易變成「遇到什麼，就學什麼」的興趣廣泛者，假以時日之後會發現，自己的「興趣廣泛」實際上只不過是小聰明的表現。因為有點小聰明，所以他們學什麼東西都相對比別人快一點，即使還沒學到深處也能說出一套似是而非的道理。

可是，所謂「學習」，若只有「學會」卻沒有「練習」必然導致所知膚淺。如同我們在學校裡學會的知識，等到出社會後，才有機會去補足「練習」的功課。

因此，如果你花費很長時間去投入學習一樣東西，最終真的可以精通，那麼當你進入下一個階段時，就能更有效率、更精準的發揮才能。這樣，自己就不會停留在「小聰明」的階段，而真正的智慧恰恰只能靠時間累積。

如果你想在專業領域有所成果，試著想像六個月之後的自己在這個專業領域可以做到什麼程度？然後寫下來，時間到再做驗收。一個人對自己的要求，將決定他行動的質量，更決定他往日的成就，所以，你想過著得過且過的日子，還是想鎖定目標，急起直追呢？

Check!

我有什麼興趣，能發展成一門專長？

懂得修剪，才不會流失養分

有二個喜愛蒔花弄草的人，在比較誰最懂得栽種的技巧。

A君自豪地說：「除了澆灌和施肥，我從不去傷害它們。我希望它們能自由地生長。」

B君說：「我除了澆灌和施肥，會適時地將它們身上的枝葉修剪。如此，它們將會有足夠的生長空間，並能展現出更美麗的姿態。」

不久，A君所種的植物日漸枯萎，而B君所種的植物卻越加生意盎然。因為一棵植物在長出岐出的枝芽和過於繁盛的葉脈時，會阻礙主幹吸收養分，若未適時地修剪，植物會因為養分散盡而失去核心的生長力。

很多時候，你也許會因為發現其他的興趣、擅長的事物等，希望能多元化發展，開發自己的多項潛能。不過，若不懂得適度地慎選，就意味著自我能量的發散與流失，最終會逐漸減少成長的動力。

你可以將自己所有想投入的興趣畫成一個樹狀圖，主幹是人生目標的主軸，其他的興趣則是枝葉，待畫完後開始進行「修剪」。你可以用現有能力、有限時間、對於自身的重要性、對要達成的目標是否有幫助、對激發自我能量是否有助益……等針對興趣一一衡量，這能幫助你釐清自己想要的，不會因亂無章法的學習而失去方向。如果你投入的心力皆能匯流至人生主軸，自然能將自己培植成一棵健壯精實的參天巨木，自己就能成為抵擋颶風的屏障，天然的災害與變故只能突顯你對實踐人生目標的堅毅。

Cheer up 加映場

誰要遊戲人生，他就一事無成，誰不能主宰自己，永遠是一個奴隸。

——德國文學家　歌德

不必煩惱到底該捨棄什麼，因為在你努力向前的時候，那些不適合你的東西自然會離開。

在人生途中，我們常常會遇到必須抉擇「是否該離開這個人？」、「是否該放棄從事這個工作？」的難題，而為內心帶來諸多煩惱。

為了避免讓情緒無可抑制地渲染、影響生活，你必須先釐清自己感到困擾的源頭。試問：「是你貪心什麼都想要？」、「你是否對此有著食之無味、棄之可惜的心態？」、「還是你對自己想要的東西其實非常模糊？」……藉由這些探尋的答案，你會慢慢發現，原來自己對一心想要的目標和方向還不夠專心，才會於路途中一再遇到令你分心的事物，進而衍生抉擇的難題。

當你心中的目標越確切、越渴望，當心無旁鶩之際，就不會將那些與此目標

無關的事物收進心底；當你的意念越加清明，原本掩蓋住通往目標道路的五里霧，也將煙消雲散。

你願意接受過程中出現的一切嗎？

抉擇之所以難解，其實是緣於自我「希望能夠掌握一切」的心性。因為我們不斷地衡量著捨與得的利弊，於得失的天秤中，精心計算著哪邊的砝碼要多一些，哪邊要少一些？卻因此失去原有的人生平衡。

對此，古希臘哲學家艾彼科提塔斯曾說：「學著接受每件事的發生。」

我們若試著放掉「到底要捨棄哪些東西」的堅持，先拋棄非黑即白的選項，以開放的心態聽從內心直覺選定後的結果，那麼你將更專注於前往目標的道路。

當自己更加專注於努力前行時，自我的意志也會更堅韌，這時，適合你的事物也會被現階段的自己吸引，因為你們是同類；而不適合你的事物也將離開，因為彼此會越顯格格不入。於是，捨棄與否將不再成為困擾，而是你早已得心應手

Check!

經過幾年歷練後，現在的工作適合我嗎？

的人生課題。

對於人生捨得的兩難，印度的性靈大師奧修曾如此開示：「你必須去尋找自己的道路。要去找他很難；可能會犯許多錯。但是不犯錯是得不到東西的，所以要勇於犯錯。你也許走上了錯誤的途徑，但是與其完全不動，還不如走上錯誤的途徑，因為至少你從移動之中學到了東西，你至少學到了什麼是錯誤的途徑。那也是很好的，因為消去法是有幫助的。透過知道了錯誤是什麼，你就會了解什麼是才是正確的。

所以不要害怕犯錯，不要害怕走錯路。那些害怕犯錯、害怕走錯路的人會變得癱瘓。那麼他們就還是會留在原地；他們永遠不會移動。

要勇敢的去找出你自己的路。不要模仿別人的路。模仿不會帶領你走向自由。那不是照這條路或那條路走的問題；問題在於尋找。你要當一個尋求者而不是一個追隨者。」

以此哲理，就能理解到：不斷讓自己處於抉擇的兩難，對心靈與人生都是一種虛耗，不如「藉著退回內在而尋找道路」，在你大步邁進的同時，那些惱人的小聲音自然會回歸寂靜。

你還在人生目標的外圍打轉嗎？

志強自頂尖大學畢業後，因對金融業的興趣，而向國外相關領域的研究所一一提出申請。結果他一共接獲五所學校的入學許可。這時，他反而開始為了「究竟該選哪一間學校比較好？」而陷入迷惘。

而且，由於他過去選讀的領域並沒有涉獵金融的專業，因此更加深自己在判斷時的困難度。於是，志強決定去求教於一位靠著白手起家創業的長輩，志強認為憑著過來人的經歷，一定可以給他受用的指引。

兩人相約碰面時，待志強說完自己的難處後，總裁叔叔一劈頭就問他：「你之前曾接觸過這個領域的相關事務嗎，包括打工？」

志強回答：「沒有。但我對這方面很有興趣。」

總裁叔叔又接著問：「那你有沒有想過，唸完書回國後想在這個行業裡頭做什麼？」

志強又回答：「也許是管理或行銷之類的吧！」

最後，總裁叔叔語重心長地提出建議：「那我勸你打消出國的念頭，先在國內找工作，入行再說。打工也好、正式求職也罷，總之，就是先進入這個領域，待你了解他的工作性質、所需的能力之後，你自然就會了解是否還須出國唸書，知道你要選擇哪一間學校。要不，他人從職校或專校相關系所畢業後直接進入職場，比你出國之後再進入職場摸索，你們就相差好幾年的經歷了。如此，你還會認為有出國唸書的必要嗎？」

面對我們想要的目標，往往容易陷於是否該捨棄過往的抉擇，卻沒有想到最核心的問題。與其一直想著攻堅的策略，不如直接投入，讓自己置身其中，就能打破想像，用實戰經驗去替自己決定，你到底適不適合？

或許許多人會覺得若聽從內心的聲音，貿然行事充滿了風險？但如果一直瞻前顧後，什麼時候你才要出發？下次，當你又陷入關於人生的選擇題時，不如依照奧修提出的精闢經文尋找方向：「找回道路。」→「藉著退回內在而尋找道路。」→「藉著勇敢的向外前進而尋找道路。」你會發現，通往目標的道路一直都在等你，只要你趕走無濟於事的恐懼。

Cheer up 加映場

釋放你對事情「應該」如何發生的固定想法，因而你對每一刻、每個當下，都能有嶄新而純粹的回應——沒有期待和批判。

——作家 丹．米爾曼

有時候，即便我們怎麼努力，事態也並未好轉。埋頭於賦予自己的工作，定會迎來轉機。

當我們致力於人生的目標時，一開始會天真地以為努力必然獲致成果。但事實上，很多時候並無法盡如己意。因此，我們的心會逐漸被憂慮占據，被挫敗籠罩，一心關注目前一無所獲的現況，因此將自我拉向黑暗。甚至令你篤定地認為，他人當初一句：「你做這件事一定會後悔。」如同預言般言猶在耳。

台語有句俗話：「戲棚下站久，就是你的。」

假若，我們看不見隧道的光芒，可以試著告訴自己：這只是走到目標前的必經之路。

先將你的心安頓好，讓波動的負面能量趨於平緩，並以肯定的角度看待自己

之前的付出（這當中總不時有小小成就感），這將讓自身增添信心，不因一時的留白，蒙蔽了自己的雙眼與內心。

在繭中修練，才能期待破繭而出的光芒

自北京外語學院以最優異成績畢業的任小萍，由於那年代的工作都是由政府分發的，所以大學畢業後，她就被分派到英國大使館做接線生。面對這個眾人都認為不起眼的工作，任小萍卻將他作得有聲有色。

一開始，她不僅強迫自己在短時間內記住使館中所有人的名字、電話、職等與工作內容，甚至連使館人員家屬的名字都一一熟記。

凡遇到一些不清楚該找哪一個聯絡窗口的來電，她會多詢問相關資訊，確保他們能找到切合需要的人。因其負責任的辦事態度，也逐漸獲得大使館長官的信任。

於是在她服務使館的期間內，使館的人員若外出，會事先告知任小萍誰會來

Check!

對目前的工作，我已
全力以赴了嗎？

電，或請她代為轉告事情後來，各部門間諸多的公事與私事也會委託她代為通知。於是，她由原本不起眼的接線生，宛若成為使館的「專任秘書」。工作之餘，她就讀外文報紙、小說，不斷提高自己的讀、譯能力。又由於她為人熱情，在使館裡很快就成為人緣頗佳的得力助手。

某一天，英國大使親自來到接線室，笑瞇瞇地對任小萍說：「你知道嗎？最近和我聯絡的人都以為我的接線生換成一位道地的英國女孩。當他們知道這位接線生其實是位不折不扣的中國女孩時，都驚訝萬分！」

任小萍謙虛地回應：「我只是將份內的事盡量做好。」

沒多久，她就被破格提拔到英國《每日電訊》的記者處，從事翻譯工作。再過不久，又因工作能力出色，任小萍再被調到美國駐華聯絡處，並獲得中國外交部的嘉獎。

當我們看見他人站在榮耀的舞台上時，或許會覺得那是命運造就了他。但是，假若任小萍於接線生的工作中，一心存著：「反正再怎麼努力也不會有人看見！」、「在這我再怎麼努力也不會有多大的成就！」等消極的想法，那麼，幸運之神也將離她而去。

不論你現在處於努力的哪個階段，都尚有累積能力、經驗值的空間，將他當做是未來進階的準備。如此，尚未破繭而出的過程對你而言就不是黑暗期，而是自我沉潛、反芻重生的蛻變時光。

並非沒有機會，只是你沒看到其他機會

在你一心一意地前進時，眼前所見的方向通常只有一個。但是，當你再往前進卻看不見預期的風景時，心思會一直擺盪於是否折返、是否轉變方向而開始擔心和憂慮。

「條條大路通羅馬」這句話許多人都知曉，不過，通往羅馬的道路，容易被現階段身處的困惑、灰心等負面狀態設下迷障，導致我們誤以為「此路不通」。

若是事態未見好轉，很多時候是要教導我們「等待的藝術」。有人說等待如

同中國山水畫中的留白，讓腦海中有無限的想像空間，讓內心有開闊之感，讓心境有轉折的餘地。這時，你不必擔憂這段時期的等待，既然有空白之處，也一定為你預留了揮灑的空間。你只須要不斷地磨墨與揮毫，最終一定會完成精心構思的大作。

Cheer up 加映場

等待時間積極做事的人，他可以得到一切。

——發明家 湯瑪斯·愛迪生

今天你做了什麼，又是怎麼做的，都會成為你歷史的一頁。

尼采於《快樂的知識》一書中提到：「是畏縮不前、碌碌無為，還是勇猛挑戰、花心思比昨天做得更好。每種態度都會寫下屬於你的歷史。」我們每天都在書寫自己的故事，而自己面對現實環境的心態與想法，無形中都會影響現下的生活樣貌。

於一生的歷史中，你想和什麼人相遇、想列入什麼功動、想尋求什麼挑戰……等，這些念頭都驅動著自己的每一次行動，若永遠停留在「意圖」的階段，那麼遲早會淪為空想。在人生中做白日夢的時間太多，也會留下一頁頁空白的筆記，映證你虛度了多少光陰。

Check!

今天，我是不是比昨天更進步一些？

亞洲首富李嘉誠曾說：「苦難的生活，是我人生的最好鍛鍊，尤其是做推銷員，讓我學會不少的東西，明白不少事理。這些是我花十億、百億也買不到的。」

從一個茶樓的伙計到銷售錶帶的推銷員，最後經歷萬般磨練成為一個身價淨資產總值高達三百一十億美元的富豪。一無所有的李嘉誠憑靠著近五十年一天天比別人更加倍努力，以及過程中所累積的見識，幫他打下今日橫跨國際五大洲的事業版圖。

即使李嘉誠擁有如此身價，每天清晨，當別人仍在和周公拚搏時，現年八十五歲的他仍固定於五點五十九分起床，精力充沛地投入一天的工作與生活，一分一秒也不隨意浪費。

既然成功的人對於寫下人生的歷史仍如此勤奮，尚未有所成就的你豈有怠惰度日的餘暇呢？

什麼能驅策著你不斷前進？

有位名不見經傳的年輕人，第一次參加馬拉松比賽就獲得了冠軍。當他衝過終點時，記者蜂擁而上，不斷地追問：「請問你如何以黑馬之姿取得這麼好的馬拉松成績？」

年輕人氣喘吁吁地回答：「因為我的身後有一匹狼。」

聽後，所有的人都驚恐地回頭張望，卻沒看到身後有什麼可怕的野獸。

年輕人繼續說著：「三年前，我在一座山林間接受特訓，每天都在凌晨時分起跑。不過，即使當時我已用盡全力，總是沒有長足的進步。一天清晨，在訓練途中，我忽然聽到身後傳來狼的叫聲。剛開始狼的呼嚎聲似乎還很遙遠，但沒幾秒鐘後就傳到了我的身後。當時的我嚇得不敢回頭，只知道拼命逃命。沒想到，那天我的速度竟然破了自己的紀錄。」

年輕人停頓了一下，又說：「回來後，教練跟我說：『原來不是你不行，而是你身後少了一匹狼！』這時我才恍然大悟，原來山林裡根本沒有狼，而是教練偽裝的。在此之後的練跑時段，我就想著自己身後有一匹正在緊追不捨的惡狼。包括今天的比賽，那匹狼仍然在追趕著我，所以我必須戰勝牠！」

你可以想想，每天的生活中，究竟是什麼在後頭驅策著自己前進？是夢想、信念、工作、金錢、亦或家人、情人？找到了認真生活、工作的動力，就要以此刻刻警惕自己：

「你不是希望自己有能力讓家人過上更好的生活嗎？」

「一直希望存到夢想基金的你，至今還差多少額度呢？」

「你不是希望自己有一天能成為更有影響力的人嗎？」

把這些良好的意圖當成執行的原動力，輪番上陣地鞭策自己，那麼當你在嘗試、挫敗、又重新站起來的軌道上努力，也是寫下走向夢想的軌跡。

回到原點檢討的螺旋式人生規劃

每年年初，我們都會在心中許下「新年新希望」，但在《Psychological Science》科學期刊的研究報告卻指出，我們設定目標的方式根本是大錯特錯！

原來，人們在看自己的「未來」的時候，通常都會習慣性地想像他是一條「向上的直線」。所以我們總是樂觀地認為：「明天一定比今天更好。」

但科學家卻認為這一點也不合乎常情，因為有可能你已做了什麼，但今年好像和去年沒多大改變。

科學家解釋，這其實很正常，因為大部分的人生根本就不應該被視為一條「直線」，而是一個「螺旋」（cyclic）。

如果你將「不含任何風險的直線思維」，將人生改成如此設定：「好好努力這一年！」↓「一年後，回到同一個地方檢討再出發。」這樣「螺旋式」的人生規劃，會讓你依著往例學會做出一些「正確的決定」。譬如：開始做出正確的財務規畫。有些使用「螺旋式人生規劃」的人比起「直線式人生規劃」的人，一年之後竟多存了百分之八十的金錢。

花開了會謝，謝了會開，年復一年，之後的自己又會回到原點，我們可以利用這個機會檢視過往的缺失、忽視之處、值得獎勵之處。準備好之後再重新出發，以及調整自己與周遭環境之間的關係。把自己好的部分持續保持或使其更加進步，將不好的部分慢慢淘汰。利用這個循環，你會不斷看見自我崛起的機會，也許你無法抹去過往的歷史，但是，我們卻可以一再寫下比昨天更精彩的一頁！

Cheer up 加映場

創造武術的人，要比任何已建立的各種武術體系重要的多，也更有價值。

——截拳道之父　李小龍

無論做什麼事情，都會刮起大風阻礙，難以成行。那就反過來利用風的力量吧！

據說，蒼鷹總是喜歡築巢於峭壁的危崖之上。山巖上，草木不生，風厲如刀，母鷹就在那種環境訓練牠的小鷹飛行。在人們的眼中看來，母鷹似乎太不懂得憐惜牠的孩子，然而，母鷹知道，唯有最艱難的環境，最嚴格的訓練，才能使牠的孩子在物競天擇的自然界中保持一個永遠不敗的地位。

於是，小鷹剛剛會站，母鷹便帶著牠們頂著氣流，抗著強風，一次一次的練習著。強勁的阻力把牠們的雙翅訓練得堅韌有力，足以幫助牠們爬得更高，飛得更遠；同時也鍛鍊出牠們強健的體魄，可以生存在最酷熱的沙漠地帶，也能處於最寒冷的崇山峻嶺。在飛禽界，牠們是少見的強者。

Check!

身處逆境，是否有可利用、學習之處？

人不應也如此嗎？順遂的環境往往使我們好逸惡勞，靈性墮落；惟有在逆境中，才能磨練出我們堅強不屈的意志，奮勇向上的爆發力。如此一來，逆風對於人生反而是種祝福，祝福當你每克服一次挫折，就離目標更近一步！

利用逆境的台階，往上爬

一隻驢子不慎墜落井內，農夫無法幫助牠，又心想牠年紀老邁也活不了多久。於是，便做出了「活埋」的決定，開始逐步將泥土鏟進井內。沒想到，驢子藉著不斷抖落身上塵土，再站在泥地上，往返循此技巧之下，驢子竟順利爬出深井，老農夫更是喜出望外，他沒想到原本的死亡道具，竟成為驢子的求生工具。

當我們陷入困境，同時又遭遇禍不單行的狀況，就如同故事中驢子的處境。這時的自己往往不知所措、甚至會產生一股對命運的埋怨。不過，從上述的故事中，我們可以延伸出三個利用逆境的台階。

第一個台階：驢子出於求生本能，抖落即將掩埋自己的沙土↓針對眼前的逆境，你是否有排除當前困難的微薄生機及方式？

第二個台階：要達到跳出深井的高度，驢子必須不厭其煩地一再重複、嘗試同樣的求生動作↓在眼下這個難題，你是否也做好了一直盡力嘗試克服，如同求生本能般永不放棄，直到看見轉機為止？

第三個台階：掉到深井中，已受傷的驢子未被無邊的恐慌所滲透，反而本著一股逃出生天的本能，讓其化險為夷↓不論遇到什麼難關，你是否也能堅定達成的意願，不輕易被害怕所擊敗，讓心靈成為外在奮力一搏時的最佳後盾，並且越挫越勇，直到阻力都化為你自身能力的一部分時，就可於能力的至高點掌控全局。

一個故事就能衍生三個求生的意念與方式，那麼從你人生中各種戰勝挫折的經驗中，更能累積無限加乘的能量與能力，端看你如何應用在逆境中。

Check!

我能否永不放棄，直到看見轉機為止？

站在浪頭上，就能超越阻礙的高度

在台灣以搶攻陸客為主的旅遊市場下，來自台灣的某個醫療集團卻選擇進軍馬來西亞，於首都吉隆坡設立牙醫中心，並建立該國目前最大、也最高級的牙科診所。

在充滿多元文化的馬來西亞建立一個外來的醫療團隊並不簡單，不僅要使用多種語言，例如：馬來語、英語……等，還要避免觸犯當地伊斯蘭教的戒律。但是，他們之所以選擇進入馬來西亞的，是因為集團高層從中看見了一個商機——馬來西亞當地的牙醫，除了做簡易的拔牙、補牙治療，包括在台灣很普遍的根管治療及其他額外的治療大都需要轉診。於是，台灣的醫療集團就由此切入當地牙科的藍海市場，並成功地搶奪該國牙科醫學領域的市佔率。

風吹浪高之時，對想游泳的人會成為阻礙；但是，對於衝浪的人，卻可能是個順勢的機會，可以享受站在浪頭高處的成就感和嘗試衝浪技巧的樂趣。

當諸多難題接踵而至，往往容易遮蔽我們的視線、限制住我們的眼界，假若我們能學習轉換自己的角度，就能在浪頭上找尋人生的樂趣。下次再與阻礙相遇，可以將他看作機會的偽裝，以打開禮物的心情拆除嚇人的外包裝，你將能揭開困境的面紗。

Cheer up 加映場

風箏逆著風飛得最高，不是順著風。

——英國前首相 溫斯頓．邱吉爾

當你克服重重考驗，重新審視自己，發現自己是如此高尚時，就會擁有真正的自尊心。

很多時候，我們認為所謂的自尊心是關乎「面子」問題，在乎的多是外界的眼光、評價、看法……等。因此，當自己受到稱讚、獎勵的肯定時，會感到自尊似乎又被堆高了一些；反之，則會感到自己似乎什麼都不是，或者會感覺氣憤、不平。這都是因為我們把「自尊」交給別人評比的下場。

至於真正的自尊心，是屢次經過挑戰，一再驗證自我成長的過程，並逐步累積於心的飽滿力量。前後兩者之間最大的差別是，虛空的自尊心容易引起你心理的不平衡，如果你擁有飽滿的自尊心，會更懂得尊重自己且不妄自尊大，並於何種境地皆能有克服問題的穩定心性。

如果你覺得自己的自尊，一直停留在虛妄的評價之中，不如給自己一次實戰的機會，當你經歷種種磨難後，回顧自己其中的心境轉折、在克服困難時的略高一籌，這時，你將會發現自身的可貴之處，原來就建立在最能彰顯生命力的困厄處境之中。

與其憤恨他人輕侮，不如化悲憤為力量

一九一二年諾貝爾化學獎的得主維克多．格林尼亞年輕時因為家境富裕和父親的溺愛，形塑他玩世不恭的個性。

以身為花花公子為榮的格林尼亞，於某次晚宴中又一如往常地向一名少女搭訕，沒想到從未被拒絕過的他，竟遭到少女的白眼與奚落。受到羞辱後，格林尼亞才頓時意識到：家庭的富有並非個人的榮耀，要想贏得真正的尊重，只有自己努力去爭取。

於是，格林尼亞一改之前放邊不羈的作風，決定憑靠著自己的力量開創一條

新路。為了避免延續懈怠的惡習，他換了另一個生活環境，並寫一封信向家人表明心跡：「請不要打聽我的下落，相信透過刻苦的學習，我一定會建立屬於自己的成就。」

進入校園後，因為格林尼亞的能力已經落後同儕多年，於是他加倍珍視得來不易的機會，日復一日地埋首努力，因此很快就引起當時化學界的權威——巴爾的注意。於是，在名師的指導下，格林尼亞進行了一系列的實驗，從中發明了格氏試劑，並被學校破格授予博士學位。當消息傳遍全法國，也令他的父母備感欣慰。

當自尊心受到傷害時，若我們一直沉浸於受傷的情節中，反而錯過了讓自己成長的關鍵點。若是如同格林尼亞，將他人的一句輕蔑，轉為向上提昇的力量。那麼在衝破人生關卡後，你的心將不再傲視一切，而會懷著感激之情的謙遜，這才是任何人都無法剝奪的自尊心。

把全部心念都放在「克服」險阻上

在人生的重大轉折時，如果你一直停留在「我一定要做給別人看」的想法上，那麼肯定自己的心態依然是依附在他人的評價上。如此，很容易會在克服的過程中，因心思的偏誤而誤導了努力的重心，最後就算真的成功了，空虛的榮耀並不會帶給你任何戰勝的愉悅，反而可能讓你變成一個離經叛道的偏激分子，紊亂了原本人生的秩序。

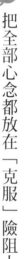

但當你身處險境時，如果把心念專注在「克服險阻」之上，就不會有多餘的心力去放大他人的感受與評價，也因此能發揮出自我真正的實力。

你可以將眼前的處境想成一條橫亙於路面又帶著湍急河水的溪流，如果是你，將如何越過？你會開始判斷河道的深淺度、河水的流速，然後開始選擇合適的方式：撩起褲管穿越、伐木造橋、造木伐或小船……等。總之，你會想盡一切方式，直到你抵達對岸為止。這個專注的「克服」過程，就是在創造自我的能力、實力及信心。

老子之道認為柔弱勝剛強。即使面對同樣強度的風暴，小草的彎腰並不代表屈服；而硬撐堅挺的樹木卻易遭連根拔起。如果我們能將自尊心當成一株小草，就能將自尊心練就成柔軟而堅韌。即使遭遇一時的不順遂，自身的反作用力會將負面能量彈走，而讓你昂首挺立於人生之中。

Cheer up 加映場

自尊自愛作為一種力求完善的動力，是一切偉大事業的淵源。

——俄國作家　屠格涅夫

如果捨棄理想，便會在心中撒下嘲笑的種子，輕視那些將理想與夢想掛在嘴邊的年輕人。

於匆忙的人生中，那些你未曾實踐的夢想，是否仍若隱若現地出現，不斷召喚你拋下一切，燃起勇於實踐的熱血衝動？假若，我們因各種因素而捨棄了原本的目標，不再對理想感到激動，那麼當自己看著那些仍心懷逐夢的人，往往會帶著輕視的態度，像在說：「你是不經一事、不長一智，才會懷著如此不切實際的念頭……。」

不過，內心實則充滿了羨慕與妒嫉的聲音：「我好希望自己能夠回到那個無憂無慮、為了完成夢想不惜一切的時候。」

究竟是什麼消磨了你原本欲追求夢想的心？當初為了目標那種奮力一搏、摩拳擦掌的雀躍，為何於今僅存著遙想和對他人的嘲諷呢？當你願意如此反省之時，那顆當初被現實冰封的初心也會因消融而重現光芒。

播下希望的種子，讓人生重新啟動

當我們看見別人正在追尋夢想的道路上時，一時嘲諷心態或許暫且能稍稍減緩內心的遺憾，以及減輕自己親手摧毀夢想的虧欠感。不過，若是一直以此心態度日，我們的上進心也會被逐漸磨滅。因為你在否定他人的同時，會先讓自己的內心接收到否定的事實。

當你輕率地宣告：「你這根本是在癡人說夢！」此時，這句話也會像催眠一般，不斷對自己的內心鼓吹：不可能、不可以、絕對行不通……等關鍵字會如同魔音穿腦般肆虐你的心靈。長久之下，你不只親手放逐了夢想的風箏，面對稍微充滿現實衝擊、有達成難度的目標，也會容易心生放棄。

既然都要對自己進行催眠，何不將正面的語句植入深處的意念之中。例如：

Check!

我是否曾輕視過自己或別人的夢想？

告訴自己：「看到他們仍心中有夢，讓我也受到了激勵，雖然那樣的目標已不適合現在的我，但是只要懷著築夢的動力，生活也會處處是生機。即使無法完成什麼聞名於世的壯舉也沒關係，只要找到能讓我重新點燃熱誠的事物，就能相信自己有能力改造人生的契機。」利用諸如此類的話語，在心中撒下希望的種子取代嘲笑的種子，他將會讓你的人生嶄露一絲曙光。

重新啟動自己的人生或許不似電腦重新開機般容易，因為還得面臨現實中的各種問題。但是，假若我們連一點點潛移默化的改變都不願嘗試，那麼人生的電腦永遠不會啟動。因此，存乎一心的人生重整動作顯得至關重要，看似只是播下希望的種子，卻是讓人生前進的一個觸媒。

年紀只是一個冰冷的數字，無法綁住你的心

當我們心中突然冒出一個想法時，腦海中通常都會接收到各種警告訊息：「什麼年紀就該做什麼；都到了這個年紀，不太適合再做這件事」、「這是少不

Check!

如果可以，我最想回到哪個時段的人生？

更事時行使的權利」對於這樣的警告訊息，我們往往會照單全收。不過，真的是如此嗎？

《不老騎士——歐兜邁環台日記》的紀錄片是由弘道老人福利基金會於二〇〇七年發起的「挑戰八十、超越千里——不老騎士的歐兜邁環台日記」計畫中，擷取影像的吉光片羽，主角是十七位平均年齡高達八十一歲的老人家。導演華天灝規劃的環島路線從台中出發，一路往南行經台南、高雄、屏東，再由台東、花蓮北上宜蘭、台北，最後回到台中，完成總路程長達一千一百七十八公里的行程。

在這為期十三天的時間中，十六位爺爺和一位奶奶，他們與年華老去的體力限制，以及環島過程中可能因慢性病突發的狀況，長時間的對戰。雖然在出發之前，大家都覺得能不能完成這個計畫是個未知數，但是，在面對未知前，他們選擇了無懼和抱持著一定要完成的決心，不願與年紀和病痛妥協，最終重拾年輕時候為了工作養家捨棄過的夢想——完成了騎摩托車環島的願望。

　　年齡的限制，是一種心理的設定。既然是預設的心理，我們也可以自行解除心靈的禁錮。曾聽一位靈修老師說：「我們可以先設想自己想要回到什麼樣的年紀，最好是回到你認為正值美好的年齡。設想好之後，做你認為在這個年紀你會去完成的事，會去做的夢。」在這當中，自身將會汲取內在那個青春自我的勇敢、果決、不顧一切、思考力、創造力……等各種你現在看似缺乏的力量。當你被新的能量重新灌注，就如同打開攔截水流的閘門，內心的動能將帶你奔往能在現實中實踐的美夢。

Cheer up 加映場

追求夢想時，你會忘記自己幾歲。

——不老騎士　賴清炎

光有理想遠遠不夠，必須先用自己的方法，找到通往理想之路。

當我們設定了人生目標後，最難的往往是實際履行的道路。通往理想出口的路徑昏暗不明的程度，就好比我們在森林的深處找出口，一直看見前方有一束飄忽不定的光，卻很難抓住他的確切方向。因此，你需要摸索，需要尋找，需要再借助其他有利的工具，才有辦法確立通往目標的道路。

假若前往理想的藍圖中缺少這條履行的路徑，即使付諸行動也會無所適從，你會覺得眼前似乎每一條路都可以到達，實際上卻又都不可行。最後你可能索性就乾脆留在原地，找到以後能生存下去的方式，那些理想什麼的以後想想便作罷了。

如何跟「人生目標」做有效溝通？

如果你覺得自己對人生目標的概念非常抽象，觀之在左，忽之在右。那麼你可以把這個目標想像為一位自己早欲拜訪的老友。

循此思考途徑，你再繼續模擬：如果要去找這位老朋友，你必須先跟對方確認到達他家的路線，其中包括從哪裡開始出發？（為了接近目標，你要從最觸手可及的哪件事開始著手？）↓到哪裡該轉彎？（從出發到達成目標的道路，並非筆直的途徑，而是螺旋狀的路徑，你要有來回檢視，才能再次確立方向的心理準備）↓哪裡有路障？（在追求目標的途中，會遇到那些困難，一一羅列出來）↓又該如何避開或通過路障？（盡量安排好各種困境的急救錦囊，遇到阻礙時自然不會慌了手腳，就算力有未逮，也有備案做為緊急處理的擋土牆，而能將突發狀況對走向目標的影響減到最低，待路障移除後，就可以繼續順利前行）。

當你開始思索「如何前往人生目標的路徑？」心中的地圖就會逐漸繪製成

Check!

我已經掌握了幾個通往人生目標的方法？

形，而你只要按圖索驥地執行，最終抵達的時間一定比你原先預想的更接近。

為了堅定自己圓夢的意志力，在出發前，你可以從幾個層面切入思考，就此為自己的長期奮戰注入一劑強心針。

首先，你可以問自己：

1. 你對人生目標的了解是否透澈？

如果你想要開一家書店，就要先思考：我對於書店的採購、管理、進退化、銷貨系統、成本及預備金該準備幾個月才夠……等涉及各層面的具體營運內容，你是否有明確的認知；自己不足之處，是否有該領域的幫手能夠與自己截長補短？對於理想的敘述越具體、越清晰，更有助於人生目標的有效籌畫與執行。

2. 告訴自己，到達人生目標前必須經歷長期抗戰。

除非是白日夢，否則沒有一個理想能夠一蹴可得。因此，你必須在各個階段中不斷替自己心理建設：抵達目的地需要翻山越嶺的時間與路程，但只要你開始出發，距離理想的路程與時間就會開始縮短。

因此，為了讓自己有足夠的精力與銀彈能支撐下去，貿然投入不是一個聰明的作法，你必須在兼顧現實的情況下，同時儲備你的夢想基金，當存到一半額度時，就開始一邊執行，那麼你與理想的距離就不會只是紙上談兵而已。

3. 找到同一陣線的盟友。

先別視周遭的人（尤其是自己的親人）為阻擋自己前進的敵人。很多時候，你跟親近的人缺乏溝通，往往是已預設對方會持反對的立場。嘗試將自己之所以想完成這個夢想的感受完整地傳達出去，如此，你將有機會吸引到對此同樣有興趣的貴人，若能整合彼此的資源，會讓你更能借力使力。

以上三個層面，當你的完成度越高之時，人生目標也將隨之趨近。一旦你與目標先行「有效溝通」，那麼在實踐的路上，可以減少許多可預見的阻力，接下來，你只需要一顆勇敢的心，陪自己戰勝一切，迎接擁抱人生夢想降臨那一刻的感動！

Check!

哪個圓夢的方法，是
我即刻就可以去做的？

別想太多，先出發就對了！

原先在知名的餐飲品牌「薰衣草森林」任職的林玉蘋，規畫了名為「一千個夢想的環島旅行」計劃。她和同事們身著紫色服裝，打算騎著摩托車從台中新社出發，並鼓勵沿途中遇到的路人，用白板寫下他們每個人的夢想，並且與之留影與記錄。這樣的尋訪路徑，他們稱之為薰衣草森林的紫色騎跡。透過此活動，該品牌希望台灣人能找回為了夢想奮力向前的精神，讓這些人未來的願景，形成一股新生的力量。

在這次的計劃中，林玉蘋的處境最為讓同事擔憂，因為沒有騎車超過一小時經驗的她，這次竟要直接騎上西部公路。不過，為了蒐集夢想的熱血淹沒了原本的恐懼，後來她分享道：「原來，想圓夢，出發就不怕了！」

許多時候，我們因為恐懼而做了計劃，又因為計劃而考量再三，最後又因為內心的不確定而作罷。其實，這是對自己的不信任投票。人生的退場機制是有其必要的，為的是不讓自己將生路封死，導致沒有往後退與轉圜的空間。

但想到達目的地，很多時候就如同林玉蘋所言：「出發就不怕了！」多給予自己信任和自由揮灑的空間；少給予自己環境上的假想敵。如此，或許在某個不經意的時刻，我們會看到一絲曙光照在直達夢想的捷徑上。

當我們對於前方的理想僅於起點遙望時，徬徨的心容易因時間的流逝而被不斷翻攪。何不先靜下心，讓你把眼前的困境掌握清楚。等到起步之時，就算遇到逆風，也能因洞察全局，終能順勢而行！

Cheer up 加映場

人生並不全然是由所發生的事情所建構，而是思想的風暴不斷激盪著他，並創造了他的人生。

——美國小說家馬克．吐溫

Note

Note

國家圖書館出版品預行編目資料

沮喪時,讓你重新看見希望的一句話。
: 尼采的一句話讓你改寫人生的結局! / 黃德惠著. --
初版. -- 新北市 : 啟思出版, 2014.08
面； 公分
ISBN 978-986-271-478-2(平裝)

1.尼采(Nietzsche, Friedrich Wilhelm, 1844-1900) 2.成
功法 3.格言

177.2 103002653

啟思 Cheese Group

沮喪時，讓你重新看見希望的一句話。
～尼采的一句話讓你改寫人生的結局！

出 版 者 ◤啟思出版
作　　者 ◤黃德惠
品質總監 ◤王寶玲
總 編 輯 ◤歐綾纖
文字編輯 ◤劉汝雯、方美琇
美術設計 ◤吳佩真
內文排版 ◤新鑫電腦排版工作室

本書採減碳印製流程
並使用優質中性紙
（Acid & Alkali Free）
最符環保需求。

郵撥帳號 ◤50017206 采舍國際有限公司（郵撥購買，請另付一成郵資）
台灣出版中心 ◤新北市中和區中山路 2 段 366 巷 10 號 10 樓
電　　話 ◤ (02) 2248-7896　　　傳　　真 ◤ (02) 2248-7758
I S B N ◤978-986-271-478-2
出版日期 ◤2014 年 8 月

全球華文市場總代理 ◤采舍國際
地　　址 ◤新北市中和區中山路 2 段 366 巷 10號 3 樓
電　　話 ◤ (02) 8245-8786　　　傳　　真 ◤ (02) 8245-8718

全系列書系特約展示
新絲路網路書店
地　　址 ◤新北市中和區中山路2段366巷10號10樓
電　　話 ◤ (02) 8245-9896
網　　址 ◤www.silkbook.com

線上 pbook&ebook 總代理 ◤全球華文聯合出版平台
地　　址 ◤新北市中和區中山路 2 段 366 巷 10 號 10 樓
主題討論區 ◤www.silkbook.com/bookclub　　● 新絲路讀書會
紙本書平台 ◤www.book4u.com.tw　　● 華文網網路書店
電子書下載 ◤www.book4u.com.tw　　● 電子書中心 (Acrobat Reader)

人生箴言加映場
To 沮喪時自己の一句話。

How to Use?

沿周邊虛線剪下，張貼於書桌前、電腦螢幕兩側，或可夾在行事曆或書中，作為一般書籤使用。從箴言短句中，瞬間吸收真知灼見的精萃，成為自我激勵的高手，改變自己，就此改寫人生結局！

「人生就像回力鏢，你丟出去的是什麼，就得到什麼。」

——人性教父 戴爾・卡內基

「運氣的確是眷顧有勇氣的人。你如果不嘗試，你永遠不知道你能完成什麼。」

——臉書首席營運長 雪柔・卡拉・桑德伯格

「追隨多數必然迷失自己。只能不怕孤獨，繼續自己想做的。」

——日本建築師 安藤忠雄

「一個人的價值應該看他貢獻什麼，而不是取得什麼。」

——現代物理學之父 愛因斯坦

「只有那些不斷充實改造自己的人，才有機會在往後的日子持續被雇用。」

——美國企管作家 湯姆・彼得斯

啟思
行銷總代理 采舍國際
www.silkbook.com